Guardianes del ganado

Cómo utilizar llamas, burros, perros y otros animales para salvaguardar su rebaño y su propiedad

© Copyright 2024

Todos los derechos reservados. Ninguna parte de este libro puede ser reproducida de ninguna forma sin el permiso escrito del autor. Los revisores pueden citar breves pasajes en las reseñas.

Descargo de responsabilidad: Ninguna parte de esta publicación puede ser reproducida o transmitida de ninguna forma o por ningún medio, mecánico o electrónico, incluyendo fotocopias o grabaciones, o por ningún sistema de almacenamiento y recuperación de información, o transmitida por correo electrónico sin permiso escrito del editor.

Si bien se ha hecho todo lo posible por verificar la información proporcionada en esta publicación, ni el autor ni el editor asumen responsabilidad alguna por los errores, omisiones o interpretaciones contrarias al tema aquí tratado.

Este libro es solo para fines de entretenimiento. Las opiniones expresadas son únicamente las del autor y no deben tomarse como instrucciones u órdenes de expertos. El lector es responsable de sus propias acciones.

La adhesión a todas las leyes y regulaciones aplicables, incluyendo las leyes internacionales, federales, estatales y locales que rigen la concesión de licencias profesionales, las prácticas comerciales, la publicidad y todos los demás aspectos de la realización de negocios en los EE. UU., Canadá, Reino Unido o cualquier otra jurisdicción es responsabilidad exclusiva del comprador o del lector.

Ni el autor ni el editor asumen responsabilidad alguna en nombre del comprador o lector de estos materiales. Cualquier desaire percibido de cualquier individuo u organización es puramente involuntario.

Tabla de Contenidos

INTRODUCCIÓN 1
CAPÍTULO 1: EL PAPEL DEL GUARDIÁN 3
CAPÍTULO 2: COMPORTAMIENTO DE LOS DEPREDADORES Y ESTRATEGIAS DE CONTROL 13
CAPÍTULO 3: ELEGIR EL ANIMAL DE GUARDA ADECUADO 27
CAPÍTULO 4: PERROS GUARDIANES DEL GANADO: RAZAS Y RASGOS 39
CAPÍTULO 5: ADIESTRAMIENTO, ALIMENTACIÓN Y CUIDADOS 54
CAPÍTULO 6: SOLUCIÓN DE PROBLEMAS DE COMPORTAMIENTO DEL LGD 64
CAPÍTULO 7: LAS LLAMAS COMO GUARDIANAS 78
CAPÍTULO 8: CÓMO ADIESTRAR A SU LLAMA 88
CAPÍTULO 9: ASNOS DE GUARDIA 98
CAPÍTULO 10: ELECCIÓN Y ADIESTRAMIENTO DE SU BURRO 108
CONCLUSIÓN 120
VEA MÁS LIBROS ESCRITOS POR DION ROSSER 122
REFERENCIAS 123
FUENTES DE IMÁGENES 130

Introducción

Los depredadores pueden convertirse rápidamente en la pesadilla de un granjero. Perder un animal aquí y allá suma y sigue, por no hablar de los golpes devastadores cuando un intruso no bienvenido arrasa con la mayor parte de su rebaño. Los granjeros libran una eterna batalla contra los depredadores, y una de las soluciones más humanas es recurrir a la ayuda de un animal guardián.

Las imágenes del perro guardián galopando por colinas idílicas traen visiones nostálgicas de tiempos más sencillos. Los perros o los gatos son siempre los primeros que vienen a la mente, y con razón, porque son muy eficaces. Sin embargo, numerosas especies animales son grandes guardianes, incluidos los burros y las llamas. Además, hay multitud de razas de perros entre las que elegir, por lo que decidirse por la mejor podría dejarle la cabeza dando vueltas. Además, los perros pueden convertirse rápidamente en intrusos, causando los mayores riesgos para su ganado si no se les adiestra y cuida con esmero.

Este libro le proporciona toda la información que necesita sobre los animales guardianes. Esto incluye las consideraciones éticas y legales - y qué razas, especies y condiciones son las más adecuadas para la granja o la finca que está construyendo. Elegir a ciegas un animal guardián puede ser desorientador. Por ello, se presenta una guía de información teórica y consejos prácticos para guiarle hacia el éxito de su granja.

Algunos métodos de control de depredadores, como el envenenamiento o el trampeo, pueden ser inhumanos y causar un sufrimiento indebido. El veneno puede volver tóxico el ambiente que le rodea y matará animales que no estaba destinado a matar, mientras que las trampas pueden mantener al depredador en un dolor prolongado. Aunque los guardianes del ganado atacan y matan a los depredadores, son una opción más humana porque mantienen alejados a los depredadores, lo que mantendrá su población en la naturaleza.

El encuentro del hombre con la naturaleza no tiene por qué ser desastroso. Creando un sistema cohesivo que incluya a sus animales de guarda, puede construir una granja ética y productiva que cumpla y supere las normas reglamentarias y sea respetuosa con el medio ambiente. Los vínculos que cree entre su rebaño y los animales de guarda son las relaciones mutuamente beneficiosas que ponen de relieve cómo los seres humanos y la naturaleza pueden coexistir de forma productiva. El satisfactorio viaje de establecer su granja de forma que mantenga a salvo a sus animales y maximice su bienestar le recompensará tanto mental como económicamente.

Seguir una orientación adecuada le permitirá estar tranquilo sabiendo que sus animales están protegidos. Adquirir las habilidades y conocimientos que le proporciona este libro le convertirá en un granjero mucho mejor. Desde consideraciones médicas hasta nutrición y hábitat, se cubren todas las bases para convertirle en el mejor propietario de animales de guarda. No lo dude. Sumérjase en este libro y libere todo su potencial como cuidador de ganado. Usted es la primera línea de protección de sus animales, pero eso no significa que no necesite algo de ayuda en el camino. Las patas o pezuñas de ayuda perfectas están al alcance de su mano si siente la curiosidad suficiente para adentrarse en el mundo de los cuidadores de ganado.

Capítulo 1: El papel del guardián

Este capítulo aborda el papel esencial de los animales guardianes en la protección del ganado y la propiedad y cómo contribuyen a la seguridad general. Encontrará un breve resumen del uso histórico de los animales guardianes, que comenzó esencialmente con la domesticación de los lobos y la iniciación de los perros en los sistemas policiales y militares. Explorará la evolución del papel de los animales de guardia a lo largo del tiempo, descubriendo las ventajas de este método de gestión de predadores. Por último, conocerá las consideraciones éticas y legales relativas al uso de animales guardianes.

Uso histórico y evolución de los animales guardianes

Hace unos 40.000 años, los humanos advirtieron un increíble potencial en los lobos. Este animal es fuerte, inteligente y capaz de cazar. Se dieron cuenta de que los lobos se volverían más adiestrables, amistosos y receptivos a los humanos domesticándolos. Esto permitiría al animal domesticado utilizar sus instintos territoriales y de caza para proteger a los humanos y mantener a salvo sus pertenencias. Al igual que los perros modernos, los lobos siempre han utilizado el ladrido para advertir a su manada de un peligro inminente.

Hace unos 40.000 años, el hombre domesticó a los lobos[1]

Las primeras investigaciones sugieren que los humanos separaron a los cachorros de lobo de sus manadas y los adiestraron para realizar diversas tareas. Sin embargo, esta teoría es poco probable porque el animal es prácticamente imposible de adiestrar. A menos que consiguieran socializar a los cachorros cuando apenas tenían 19 días, los animales nunca les habrían respondido. Adiestrar a un animal joven también es agotador; es poco probable que los primeros humanos cazadores-recolectores - cuyo único objetivo era la supervivencia - se hubieran tomado el tiempo necesario para este proceso.

Otra teoría es que los restos de comida y demás parafernalia dejada alrededor de los primeros asentamientos humanos atrajeron a los lobos a la zona. Los lobos tienen una inclinación natural a rebuscar, cazar y buscar comida. Aunque estos asentamientos habrían constituido sin duda una fuente de alimento apetecible, los lobos también tienen miedo por naturaleza a los humanos y a las fuentes potenciales de peligro.

Cada vez que un animal salvaje percibe la presencia de un humano o de otra entidad potencialmente peligrosa, entra en acción su instinto de "distancia de huida". Este instinto se refiere al instinto de cada animal de permitir que una fuente de peligro percibida se acerque a ellos antes de huir. Es razonable creer que los lobos con una distancia de huida débil acabaron siendo domesticados, ya que tener una distancia de huida débil significa que son más sociables que sus congéneres. Eran más propensos a relacionarse con los humanos y a pasar más tiempo físicamente cerca de ellos. Aunque esta teoría no está confirmada, ha sido apoyada por experimentos científicos relativos a la domesticación de zorros.

Perros mesopotámicos

Independientemente de los tecnicismos, los perros, tal y como los conocemos hoy en día, existen porque los humanos de distintos rincones del mundo reconocieron el potencial de los lobos. Las pruebas de que los humanos utilizaban perros como guardianes se remontan a la antigua Mesopotamia. La leyenda y el folclore nativos hablan de grandes razas de animales que custodiaban el ganado local. En el arte mesopotámico no solo abundan los perros, sino que también se sabe que protegían los hogares y el ganado de los depredadores, especialmente de los lobos más pequeños. También se tallaban perros en amuletos protectores.

Los venerados perros del antiguo Egipto

Los perros también eran sagrados para los antiguos egipcios. Tenían un significado religioso porque estaban asociados con Anubis, el dios de los muertos. A Anubis se le representaba con cuerpo humano y cabeza de perro. También era común tener perros como mascotas por su naturaleza protectora y sus habilidades para la caza, además de ser una gran fuente de compañía. Los antiguos egipcios lloraban formalmente la muerte de sus perros, lo que significa aún más su reverencia.

El primer uso oficial de los perros guardianes

La mitología de la antigua Grecia es quizá la prueba más sólida del papel protector de los perros en aquella época. Según la tradición, Hades, el dios del inframundo, empleó a Cerbero, un perro de tres cabezas, para vigilar las puertas de su reino. El mundialmente conocido filósofo ateniense Platón también empleaba con frecuencia a los perros como ejemplos filosóficos. Destacó sus funciones naturales como cazadores y protectores leales y explicó en su obra *La* República que los animales inteligentes pueden distinguir fácilmente entre amigos y enemigos.

Los molosos, la antigua tribu griega que vivía en Epiro, son conocidos por su papel en la cría de perros molosos. La raza Moloso se utilizaba para vigilar pastos y hogares, y aunque ahora está extinguida, es el antepasado de la raza Mastín. La raza canina también servía como guardián personal e incluso a veces se desplegaba en el campo de batalla junto a los guerreros.

Molosos romanos

Los antiguos romanos también utilizaban habitualmente perros guardianes para proteger sus hogares y pertenencias. Los arqueólogos encontraron pruebas en la antigua ciudad de Pompeya que insinúan el papel de los perros en el Imperio romano. Uno de los artefactos era una obra de arte en mosaico con un enorme perro negro y un texto traducido como "Cuidado con el perro". También se encontraron piezas de advertencia similares, junto con los restos de un perro que estaba encadenado a un templo.

A medida que el Imperio romano se expandía y las prácticas culturales se extendían a diferentes partes del mundo, la idea de utilizar perros guardianes también se hizo más popular. Los romanos introdujeron molosos en las zonas que conquistaban, lo que dio lugar a la cría de más perros mastín en la región. En ese momento, sin embargo, la gente no conocía la diferencia entre las distintas razas de perros.

El Rottweiler alemán

Con una reputación peligrosa y siendo notorios por sus mordeduras increíblemente poderosas, los Rottweiler alemanes se encuentran entre los perros guardianes más populares hoy en día. Fueron de las primeras razas de perros guardianes que existieron. Históricamente se utilizaban para pastorear el ganado y proteger las preciadas pertenencias de sus dueños. Aunque se considera una raza peligrosa, el Rottweiler es un buen animal guardián porque puede formar lazos y compañerismo con humanos y otros animales, puede ser controlado y es muy inteligente.

Los Rottweiler alemanes se encuentran entre los perros guardianes más populares hoy en día[2]

También se solían utilizar razas de perros similares para proteger hogares y propiedades. Los italianos también adiestraron a la raza Cane Corso para proteger y pastorear el ganado y cazar depredadores. Los perros de tipo moloso se utilizaban generalmente para el entretenimiento, como las peleas de perros. Aunque estas actividades son muy poco éticas, ponen de relieve rasgos como la agresividad controlada y la tenacidad, necesarios en la guardia de animales.

La aparición de más razas de perros

Durante el siglo XIX surgieron más razas de perros, entre ellas el pastor alemán. Científicos y criadores criaban perros para desarrollar razas que, en última instancia, tuvieran todos los rasgos que deseaban en un perro. Algunos se esforzaron por crear razas completamente nuevas, mientras que otros simplemente querían mejorar las ya existentes.

En la década de 1920, por ejemplo, el argentino Dr. Antonio Nores Martínez quería crear un excelente cazador que pudiera servir como eficaz guardián familiar. Cruzó varias razas, incluidos Bull Terriers, Mastines, Gran Daneses e incluso el Perro de Pelea de Córdoba - que ya no existe - hasta que creó el Dogo Argentino. Este perro fue prohibido en el Reino Unido debido a sus altos niveles de agresividad.

La creación del Dóberman Pinscher, que hoy sigue siendo uno de los perros de protección más eficaces, es otra historia interesante. El desarrollo de esta raza comenzó cuando un recaudador de impuestos alemán estaba desesperado por tener un animal guardián que le acompañara en el trabajo. Cruzó Beaucerons, Galgos, Rottweilers, Pinschers alemanes y Weimaraners para dar con el animal guardián perfecto para sus necesidades.

El desarrollo de los programas de perros policía

A medida que se reconocían más razas de perros, la policía y el ejército reconocieron el potencial de ciertas razas de perros impulsivos, altamente protectores, tenaces e inteligentes. Los departamentos de policía de distintas partes del mundo empezaron a llevar a cabo programas de adiestramiento canino a principios del siglo XX. Las razas más comunes utilizadas en estos programas fueron los perros pastor belga, holandés y alemán.

Reconocer la oportunidad del adiestramiento de perros

El increíble papel que desempeñan los perros policía y militares llamó la atención de muchas personas, que se preguntaron si los perros guardianes podrían emplearse con fines similares en el sector privado.

En las últimas décadas, la idea de utilizar un perro guardián u otro animal protector se ha sistematizado.

La gente busca diferentes tipos de perros para fines distintos, como la protección de la familia, la propiedad o el ganado. Los perros se encuentran entre los animales guardianes más populares porque son relativamente fáciles de adiestrar. Cuando se trabaja con perros, se pueden reforzar los comportamientos deseables y conseguir que abandonen los negativos. El adiestramiento y la orientación, combinados con el vínculo natural que crearán con usted, su familia y su ganado, les permitirán desempeñar sus funciones con eficacia. El temperamento de la raza también influye en lo aptos que son para el fin al que están destinados.

La idea de utilizar otros animales, como llamas, alpacas, burros e incluso patos, para proteger ciertos tipos de ganado de determinados tipos de depredadores también está ganando popularidad hoy en día.

Las ventajas de utilizar un animal guardián como método de gestión de predadores

Los perros guardianes y otros animales como llamas, alpacas y burros se han utilizado durante siglos para proteger el ganado y la propiedad de depredadores, intrusos y otras amenazas potenciales. Dependiendo de la naturaleza del animal guardián y del ganado que protegen, los guardianes, especialmente los perros guardianes, suelen considerar al ganado que protegen como compañeros. Aprenden a protegerlos por cariño, algo que el ganado también reconoce y a lo que responde.

¿Por qué los guardianes protegen al ganado?

Otros animales guardianes (como las alpacas, los burros y las llamas) no suelen preocuparse por el ganado que protegen. Prefieren proteger al rebaño porque desprecian a un depredador potencial o lo perciben como una fuente desconocida de peligro potencial. Adiestrar a un animal guardián requiere socializarlo con el ganado que va a proteger. El proceso de socialización permite al guardián familiarizarse con el rebaño o manada. De este modo, el ganado se vuelve aceptable para el guardián y deja de percibirlo como potencialmente peligroso o incómodo. Sin embargo, cuando se acerque un depredador desconocido, el animal guardián se dejará llevar por sus instintos y reaccionará en consecuencia.

Independientemente de si el animal guardián protege al ganado por cuidado o por mera familiaridad, hará su trabajo. Dicho esto, comprender las diferencias entre los mecanismos de cada especie para proteger al ganado le permitirá elegir el animal adecuado para sus necesidades. El uso de guardianes del ganado es uno de los pocos métodos no letales de gestión de depredadores, razón por la cual es cada vez más popular. Favorece la coexistencia de las especies, algo crucial para mantener un ecosistema sano. El uso de guardianes de ganado también reduce la necesidad de métodos letales y brutales de control de depredadores.

¿Cómo funciona?

Utilizar animales guardianes como los perros es un método de control eficaz porque el animal señala su presencia en lugar de matar a los depredadores. Señalizar se refiere a utilizar el olor y la comunicación vocal para marcar el territorio de un animal. Cuando depredadores potenciales como zorros y perros salvajes reconocen que el guardián habita en un lugar determinado, los depredadores evitarán ir allí para que no se produzca un conflicto. Si el depredador decide ignorar la señal y dirigirse de todos modos al territorio marcado, el animal guardián mostrará signos de agresividad y atacará al depredador en caso de que persista. El ganado sabe que si huye, el depredador lo percibirá como un objetivo más atractivo, por lo que simplemente se agrupa detrás de su guardián, permitiéndole hacer su trabajo.

Cuando se emplean correctamente, los animales guardianes pueden resultar muy útiles para proteger a los depredadores, así como a animales como los canguros y los ciervos. Aunque consiguen deshacerse de los depredadores sin matarlos, no los empujan a tierras cercanas. Los depredadores suelen liberar por completo el territorio marcado, lo que crea un espacio seguro para que el ganado paste y deambule.

Cosas a tener en cuenta

Cuando se plantea conseguir un perro u otro animal guardián para proteger su ganado, a muchos les preocupa que el guardián pueda acosar o incluso dañar al rebaño. Esto, sin embargo, no es cierto. Este método de control de predadores es eficaz cuando los propietarios se aseguran de que hay suficientes animales guardianes para el tamaño de la propiedad y el número de cabezas de ganado. También deben tener en cuenta la naturaleza del terreno, el tipo de vegetación, las especies y el número de depredadores, así como el tipo de terreno y de ganado.

Recuerde que su animal guardián es una entidad viva, no un robot. Al igual que todos los empleados necesitan entornos de trabajo saludables y una compensación adecuada, su animal necesita ser recompensado por sus esfuerzos. Necesita ser adiestrado y guiado para que pueda prosperar en su trabajo. No debe tratar al animal como a una mascota doméstica ni descuidarlo por completo. Debe asegurarse de que se satisfacen las necesidades físicas y psicológicas del animal guardián. Proporcionar al animal guardián los cuidados adecuados garantiza su salud y longevidad y le permite realizar su trabajo con eficacia.

Recuerde que, al principio, tendrá que invertir mucho tiempo, esfuerzo y dinero en su animal guardián. Sus inversiones, sin embargo, se amortizarán con el tiempo, con menos amenazas de depredadores y más tranquilidad. Si decide que ya no necesita al animal guardián, también puede venderlo para obtener beneficios más adelante.

Al elegir un animal guardián, debe saber que cada uno tiene *sus propias limitaciones*. Algunos animales requieren más adiestramiento y mantenimiento que otros. Otros requieren más apoyo y refuerzo positivo. Si necesita una solución rápida a su problema, no debería optar por un perro porque requieren mucho adiestramiento y apoyo. Por ejemplo, si busca un animal guardián de bajo mantenimiento, un burro guardián no sería su apuesta más segura.

Las recompensas que puede obtener de mantener un animal guardián no tienen un precio bajo. Por eso, al explorar sus opciones, debe considerar la cantidad de tiempo, esfuerzo e inversión financiera inicial que está dispuesto a hacer y el nivel de mantenimiento y apoyo que está dispuesto a proporcionar al animal con el tiempo.

Consideraciones éticas y legales

Si planea tener un animal de guardia, recuerde que la ley puede considerarlo peligroso, dependiendo de su ubicación y del tipo de animal. Por ejemplo, los perros guardianes, incluso después de jubilados, se consideran peligrosos según la Ley de Animales Domésticos de 1994. Debe cumplir ciertos reglamentos y condiciones cuando tenga un animal de guardia; de lo contrario, es probable que se le impongan sanciones por incumplimiento.

Tenga en cuenta que las siguientes normativas pueden variar en función de su lugar de residencia, por lo que debe consultar a las autoridades locales antes de adquirir un perro guardián. No obstante, las siguientes son las normas y sanciones por incumplimiento más comunes:

- Si su perro guardián ataca a alguien, puede ser encarcelado de 5 a 10 años en virtud de la Ley de Delitos de 1958.
- Debe notificar a las autoridades la ubicación de su animal guardián.
- Debe seguir los requisitos de cercado aplicables.
- Siempre debe llevar al animal con collar, correa y bozal cuando lo acompañe fuera de la propiedad.
- Si planea vender o dar en adopción al animal, los posibles compradores o adoptantes deben ser notificados de que el animal es peligroso. Esto también debe constar por escrito.
- Si el propietario del animal es menor de 18 años, el tutor del propietario será considerado el propietario legal del animal.
- A algunos animales de guardia se les debe implantar un microchip ISO de acuerdo con la normativa vigente.
- Las autoridades responsables deben recibir el número de identificación del chip, junto con otra información requerida.
- Los animales de guardia deben llevar siempre un collar prescrito y reflectante que pueda reconocerse a distancia. El collar suele ser rojo y amarillo y tener entre 2 y 3 centímetros de ancho.
- Debe colocar carteles que alerten a los visitantes y transeúntes de que tiene un animal peligroso en su propiedad. Los carteles deben ser claros, duraderos, reflectantes y colocarse en todas las entradas de la propiedad.
- Si su perro no está vigilando una propiedad no residencial, debe mantenerse en un recinto seguro que impida que se escape.
- Solo los propietarios legales del animal deben tener acceso al recinto.
- El recinto debe ser espacioso, para que el animal disponga de espacio suficiente. También debe estar provisto de un techo, un desagüe, una zona para dormir resistente a la intemperie, paredes y una puerta con cerradura.

- Consulte a las autoridades locales los detalles y requisitos para la construcción del recinto. No obstante, los requisitos habituales para un cercado para perros peligrosos son que debe tener al menos 2,63 pies de altura y estar hecho de madera, ladrillo, hierro, hormigón o cualquier otro material resistente mezclado con malla de cadena. Debe realizar un mantenimiento regular del cercado para asegurarse de que no se debilita o daña con el tiempo, comprometiendo la seguridad de su perro o dándole una vía de escape. Todas las puertas deben estar cerradas con llave mientras el perro esté de guardia.
- Debe notificar a las autoridades locales si su mascota peligrosa desaparece, es adoptada o vendida, o su propietario cambia por cualquier motivo, o si usted se muda a otra casa o traslada a la mascota. *En la mayoría de los casos, debe informar de estos cambios a la entidad pertinente en un plazo de 24 horas.*

Después de leer este capítulo, debería entender mejor lo que significa tener un animal de guardia protegiendo su propiedad o su ganado. Los animales de guardia pueden ser un excelente método no letal de control de depredadores cuando se utilizan correctamente. La eficacia de esta técnica depende de la elección del animal y de lo bien que se adapte a sus objetivos y recursos personales, junto con la forma en que se vincule y proteja a su ganado y el tipo y número de depredadores de la región. También hay algunas cuestiones éticas y legales que debe tener en cuenta a la hora de adquirir un animal de guarda. De este modo, evitará meterse en problemas y se asegurará de que su animal está psicológica y físicamente preparado para cumplir su función con eficacia.

Capítulo 2: Comportamiento de los depredadores y estrategias de control

En estos intrincados ecosistemas, el comportamiento de los predadores desempeña un papel fundamental en la configuración de la dinámica de las comunidades naturales. Los depredadores son un componente integral del ecosistema y muestran una fascinante variedad de comportamientos perfeccionados por los procesos evolutivos para garantizar su supervivencia y su éxito como cazadores. Desde las intrincadas estrategias de caza hasta el establecimiento de territorios, el comportamiento de los depredadores es una compleja interacción de instinto, adaptación e influencia ambiental. Este capítulo explora los aspectos fundamentales del comportamiento de los depredadores, tratando de desvelar los misterios de cómo estas criaturas navegan por sus entornos, seleccionan y persiguen a sus presas y establecen sus funciones dentro del delicado equilibrio de los ecosistemas.

Zorro cazando un topo[3]

Depredadores comunes que hay que conocer
Zorro ártico (Vulpes lagopus)

Los zorros árticos tienen un pelaje espeso que cambia de color con las estaciones, lo que les ayuda a mimetizarse con su entorno nevado. Tienen una complexión compacta y una cola tupida para mantener el equilibrio. Además, estos animales están muy adaptados a los ambientes fríos. Los zorros árticos son conocidos por su inteligencia e ingenio. Son omnívoros oportunistas, buscan comida cuando es necesario y se alimentan principalmente de pequeños mamíferos, aves e insectos. Utilizan su agudo sentido del oído para localizar a su presa bajo la nieve y luego se abalanzan sobre ella para atraparla. Estos zorros pueden ser visitantes esperados si vive en zonas con fuertes nevadas.

Tigre de Bengala (Panthera tigris tigris)

Los tigres de Bengala son grandes y musculosos, con un característico pelaje naranja marcado por rayas negras. Tienen mandíbulas poderosas y garras retráctiles. Solitarios por naturaleza, los tigres de Bengala son territoriales y pueden ser nocturnos y diurnos. Son fuertes nadadores y trepadores. Los tigres son depredadores de emboscada, que confían en el sigilo y la fuerza para acercarse a su presa antes de lanzar un poderoso ataque. Sus presas preferidas incluyen ciervos, jabalíes y, a veces, animales más grandes como el búfalo. Estos tigres pueden alimentarse del ganado que se cría cerca de su hábitat.

Águila real

Las águilas reales son grandes rapaces con distintivas cabezas y colas blancas, un pico puntiagudo y afiladas garras. Tienen poderosas alas para elevarse. Conocidas por su aguda vista, las águilas reales son cazadoras y carroñeras oportunistas. Suelen encontrarse cerca de grandes masas de agua. Las águilas calvas cazan principalmente peces, utilizando sus poderosas garras para arrancar presas del agua. También se alimentan de ganado, aves acuáticas y carroña carroñera. Siempre puede esperar que las águilas calvas y otros carnívoros voladores ataquen aves de corral, conejos y otros animales más pequeños que puedan cazar fácilmente.

Guepardo (Acinonyx jubatus)

Los guepardos son esbeltos y están hechos para la velocidad, con unas distintivas rayas negras lacrimógenas en la cara. Tienen una estructura ligera, patas largas y una columna vertebral flexible. Son los animales terrestres más rápidos, capaces de alcanzar hasta 75 millas por hora. Son principalmente solitarios, aunque los machos forman pequeños grupos llamados coaliciones. Los guepardos confían en su increíble velocidad y agilidad para perseguir a sus presas, principalmente ungulados de tamaño pequeño o mediano como las gacelas. Su estrategia de caza consiste en acechar y acelerar bruscamente para atrapar a su presa. Son un depredador potencial de animales como ovejas, cabras y ganado vacuno criados cerca de su hábitat.

Dragón de Komodo (Varanus komodoensis)

El dragón de Komodo es el lagarto más grande del mundo, de complexión robusta, piel escamosa y cola larga y musculosa. Su saliva contiene bacterias, lo que hace que sus mordeduras sean potencialmente mortales. Los dragones de Komodo son solitarios y territoriales. Son hábiles trepadores y nadadores a pesar de su gran tamaño. Estos depredadores oportunistas se alimentan de diversos animales, como ciervos, aves y dragones más pequeños. Si hay ganado en su territorio, un dragón de Komodo no dudará en hacer de su ganado su próxima comida. Utilizan sus poderosas mandíbulas y afilados dientes para asestar un mordisco letal, y su saliva venenosa ayuda a incapacitar a la presa con el tiempo.

Leopardo de las nieves (Panthera uncia)

Los leopardos de las nieves están adaptados a entornos fríos y montañosos. Tienen una cola gruesa y cubierta de pelo para mantener el equilibrio, patas grandes para caminar sobre la nieve y unas distintivas marcas en forma de roseta en el pelaje. Los leopardos de las nieves son esquivos y solitarios, bien adaptados a las duras condiciones de las regiones de gran altitud. Son conocidos por sus excelentes habilidades para saltar y trepar. Estos animales cazan principalmente ovejas azules y otros ungulados de montaña. Utilizan sus poderosas extremidades traseras para dar saltos increíbles y emboscar a sus presas desde lo alto. Si cría ganado en regiones montañosas con muchas nevadas, puede esperar la presencia de leopardos de las nieves si su hábitat está cerca.

Los leopardos de las nieves son esquivos y solitarios[4]

Zorro rojo (Vulpes vulpes)

Los zorros rojos tienen un cuerpo esbelto, una cola tupida y un pelaje rojo característico. Son adaptables, se encuentran en varios hábitats y se les denomina omnívoros oportunistas. Son conocidos por su inteligencia y su capacidad para prosperar tanto en entornos urbanos como rurales. Los zorros rojos tienen una dieta variada, que incluye pequeños mamíferos, aves, insectos y frutas. Utilizan sus agudos sentidos, su agilidad y sus técnicas de caza al acecho para atrapar a sus presas.

Hiena manchada (Crocuta crocuta)

Las hienas manchadas tienen una complexión robusta, poderosas mandíbulas y una característica espalda encorvada. Tienen una estructura social única con una jerarquía matriarcal. Son muy sociables y viven en clanes. Son conocidas por su vocalización y a menudo compiten con otros depredadores por la comida. Las hienas manchadas son hábiles carroñeras y cazadoras que se alimentan de diversos animales, como ñus y cebras. Utilizan técnicas de caza cooperativa para agotar y abatir a las presas más grandes.

Otros depredadores pueden alimentarse de animales domésticos y de ganado. Entre ellos se encuentran las serpientes, los coyotes, las mofetas, los linces, los mapaches y los halcones.

Identificación de depredadores

La identificación de los depredadores es crucial para aplicar medidas de protección eficaces, ya que permite orientar los esfuerzos de conservación y mitigar los posibles conflictos. He aquí algunas directrices generales para mejorar la identificación de depredadores.

Estudio en profundidad de las guías de campo

Adquiera y estudie a fondo las guías de campo específicas de la región geográfica de interés. Preste atención a las descripciones detalladas, las ilustraciones y los mapas del área de distribución de cada especie de depredador. Comprenda las variaciones de las características físicas en función de la edad, el sexo y la estación del año.

Formación exhaustiva y talleres

Asista a sesiones de formación especializada o a talleres impartidos por expertos en fauna salvaje. Participe en actividades prácticas, incluido el examen de especímenes y ejercicios prácticos de campo. Participe en debates sobre los matices de la identificación de depredadores, haciendo hincapié en los rasgos distintivos.

Exploración de recursos en línea

Explore reputados recursos en línea proporcionados por organizaciones de fauna salvaje e instituciones de investigación. Utilice contenidos multimedia, como vídeos, imágenes y herramientas interactivas. Familiarícese con las bases de datos digitales y los proyectos de ciencia ciudadana que contribuyen a los esfuerzos de identificación de especies.

Compromiso con los expertos locales

Establezca contactos con expertos locales en vida salvaje, investigadores y naturalistas. Organice visitas de campo o visitas guiadas con estos expertos para obtener una exposición real a los hábitats de los depredadores. Busque mentores para perfeccionar sus habilidades de observación y recibir orientación personalizada.

Dominio de las huellas y señales

Desarrolle un profundo conocimiento de las huellas, excrementos y otras señales dejadas por los depredadores. Participe en cursos de rastreo para mejorar su capacidad de interpretar estas señales con precisión. Practique la distinción entre huellas de aspecto similar y el reconocimiento de patrones que indiquen especies específicas.

Análisis del comportamiento

Estudie la ecología del comportamiento de los distintos depredadores. Comprenda los matices de las técnicas de caza, los métodos de comunicación y las estructuras sociales. Observe animales en cautividad para presenciar comportamientos que podrían ser difíciles de observar en libertad.

Integración tecnológica

Adopte la tecnología, incluido el uso de cámaras trampa y cámaras de rastreo. Aprenda a configurar y mantener estos dispositivos de forma eficaz. Familiarícese con el software de reconocimiento de imágenes y comprenda sus limitaciones y puntos fuertes en la identificación de depredadores.

Identificación de especies indicadoras clave

Identifique y conozca en profundidad las especies indicadoras clave relevantes para el ecosistema. Explore sus funciones ecológicas, preferencias de hábitat e interacciones con otras especies. Utilice estos indicadores para calibrar la salud del ecosistema e identificar posibles amenazas para los depredadores.

Documentación sistemática

Desarrolle un enfoque sistemático para documentar las observaciones de depredadores. Incluya notas detalladas sobre el comportamiento, la ubicación y las condiciones ambientales. Capture fotografías de alta calidad y grabe audio si es posible. Comparta sus observaciones a través de canales científicos, plataformas en línea o iniciativas locales de conservación.

Control de depredadores

El control de depredadores se refiere a la gestión y mitigación de los depredadores, normalmente mediante la intervención humana, para minimizar su impacto sobre el ganado y la propiedad. Esta práctica es esencial para salvaguardar los intereses agrícolas, proteger a los animales domésticos y mantener el equilibrio ecológico. Los principales objetivos del control de depredadores son reducir las pérdidas económicas, garantizar la seguridad de los animales domésticos y prevenir posibles conflictos entre la fauna salvaje y las actividades humanas. Varias razones subrayan la importancia del control de predadores.

Protección del ganado

Una de las principales razones para el control de predadores es salvaguardar al ganado de la depredación. Depredadores como lobos, coyotes, grandes felinos y osos pueden amenazar a animales domésticos como ovejas, vacas y aves de corral. Reducir el impacto de los depredadores ayuda a mantener los medios de subsistencia de los agricultores y ganaderos que dependen del ganado para obtener ingresos.

Consideraciones económicas

La depredación del ganado puede ocasionar importantes pérdidas económicas a agricultores y ganaderos. Además de la pérdida directa de animales, la depredación puede provocar una disminución de la productividad, menores tasas de reproducción, problemas de salud mental en los animales de granja y un aumento de los costes asociados a medidas de seguridad adicionales. Un control eficaz de los depredadores minimiza estos impactos económicos.

Seguridad humana y protección de la propiedad

Ciertos depredadores, especialmente los que viven cerca de hábitats humanos, pueden amenazar la seguridad humana y la propiedad. Por ejemplo, los grandes depredadores pueden entrar en zonas residenciales en busca de comida, lo que puede dar lugar a conflictos. Las medidas de control de depredadores ayudan a mitigar estos riesgos y a promover la coexistencia entre humanos y fauna salvaje.

Conservación de especies amenazadas

El control de depredadores no consiste únicamente en erradicarlos; a menudo implica gestionar cuidadosamente sus poblaciones. Esto es crucial para conservar las especies en peligro o amenazadas al abordar los conflictos con las actividades humanas. Equilibrar las poblaciones de depredadores con las necesidades de las comunidades locales contribuye a la conservación general de la biodiversidad, erradicando la población de un hábitat que, de lo contrario, perturbaría la cadena alimentaria y el ecosistema.

Equilibrio ecológico

Las poblaciones incontroladas de depredadores pueden alterar el equilibrio ecológico. En algunos casos, la superpoblación de ciertos depredadores puede provocar el declive de las especies presa, afectando a la vegetación y a otros componentes del ecosistema. Cuando se aplica de forma responsable, el control de los depredadores ayuda a mantener un equilibrio más saludable dentro de los ecosistemas.

Sostenibilidad de la industria ganadera

La sostenibilidad de la industria ganadera está estrechamente ligada a un control eficaz de los depredadores. Al mitigar los riesgos de depredación, los agricultores y ganaderos pueden mantener operaciones estables y rentables, contribuyendo a la sostenibilidad del sector agrícola.

Consideraciones éticas

Aunque el control de predadores es a veces necesario por razones prácticas, las consideraciones éticas son esenciales. Es necesario utilizar métodos humanos y éticos para minimizar el daño a los depredadores y a las especies no objetivo. Equilibrar las necesidades de los medios de subsistencia humanos con el tratamiento ético de la fauna salvaje es la clave para un control de depredadores eficaz y sostenible.

Plan de control de depredadores

La creación de un plan de control de depredadores requiere un conocimiento profundo de las circunstancias específicas, incluidos los tipos de depredadores implicados, la naturaleza del entorno y los objetivos de la comunidad o de las partes interesadas. He aquí una guía paso a paso con los ejemplos correspondientes para ayudar a adaptar un plan de control de depredadores a las circunstancias específicas:

Paso 1: Evaluar la situación

En una región en la que los coyotes amenacen al ganado, evalúe los riesgos específicos teniendo en cuenta el tamaño de la población de coyotes, los tipos de ganado presentes y los patrones históricos de depredación.

Paso 2: Identificar los depredadores objetivo

Determine si la principal preocupación son los grandes depredadores, como los lobos, los depredadores más pequeños, como los zorros, o una combinación de ambos. Adapte el plan de control en función de los depredadores específicos que causen problemas.

Paso 3: Comprender la dinámica del ecosistema local

En una zona con un ecosistema delicado, considere los impactos potenciales del control de predadores sobre las especies no objetivo y el equilibrio ecológico. Evalúe cómo los cambios en las poblaciones de depredadores pueden afectar a las especies presa y a la vegetación.

Paso 4: Establezca metas y objetivos claros

Defina objetivos específicos, como reducir las pérdidas de ganado en un porcentaje determinado o promover la coexistencia entre depredadores y ganado. Unos objetivos claros ayudan a medir el éxito del plan de control.

Paso 5: Elija los métodos de control adecuados

Dependiendo de las circunstancias, los métodos de control podrían incluir medidas no letales como la mejora del vallado, animales guardianes o elementos disuasorios. Si se considera necesario aplicar medidas letales, elija métodos que sean humanos y selectivos, como el trampeo selectivo o el disparo en situaciones concretas.

Paso 6: Considere alternativas no letales

Explore el uso de elementos disuasorios como dispositivos sonoros o luminosos, animales guardianes (por ejemplo, llamas, perros) o la modificación de las prácticas de gestión ganadera (por ejemplo, cambiando los patrones de pastoreo) para reducir la depredación sin dañar a los depredadores.

Paso 7: Implementar el seguimiento y la evaluación

Establezca un sistema para supervisar la eficacia de las medidas de control y ajustar el plan en consecuencia. Esto podría implicar estudios regulares de las poblaciones de depredadores, el seguimiento de las pérdidas de ganado y la evaluación de los cambios en los indicadores ecológicos.

Paso 8: Implicar a las partes interesadas y a la comunidad

Comprométase con los agricultores, ganaderos, conservacionistas y otras partes interesadas locales para recabar sus opiniones y abordar sus preocupaciones. La implicación de la comunidad fomenta un enfoque colaborativo y aumenta las posibilidades de éxito del plan.

Paso 9: Educar y concienciar

Lleve a cabo talleres, sesiones de formación o campañas informativas para educar a la comunidad sobre el comportamiento de los depredadores, la importancia de la coexistencia y los fundamentos de las medidas de control específicas.

Paso 10: Adaptabilidad y flexibilidad

Esté preparado para ajustar el plan de control en función de la evolución de las circunstancias. Por ejemplo, si aparece una nueva tecnología no letal, considere integrarla en el plan para mejorar su eficacia.

Paso 11: Consideraciones legales y éticas

Asegúrese de que el plan de control cumple la normativa local y nacional. Considere las implicaciones éticas de los métodos de control y esfuércese por utilizar enfoques que minimicen el daño a los depredadores y a las especies no objetivo.

Paso 12: Documentación e informes

Mantenga registros detallados de las actividades de control, los resultados y cualquier consecuencia inesperada. Informe regularmente de los resultados a las partes interesadas, a los organismos de financiación y a los órganos reguladores para mantener la transparencia.

Seguir estos pasos y adaptar cada aspecto a las circunstancias específicas puede permitirle elaborar un plan de control de depredadores y abordar eficazmente los retos sin dejar de tener en cuenta las implicaciones éticas de la gestión de depredadores. La clave está en lograr un equilibrio que proteja los intereses humanos y la conservación de la fauna salvaje.

Estrategias no letales de control de depredadores

Mejora del vallado

Refuerce el vallado existente o instale barreras específicas para depredadores que impidan el acceso al ganado. Se trata de un método humanitario, ya que mantiene alejados a los depredadores sin dañarlos. La instalación de estas vallas no será un problema para las autoridades locales y es un método mínimo que ayuda a la conservación del hábitat.

Animales guardianes

Introduzca animales adiestrados como perros, llamas o burros para disuadir a los depredadores de acercarse al ganado. Su ganado no será molestado ya que estos animales tienen instintos naturales de disuasión para impedir que los depredadores se acerquen. Conseguir perros adiestrados para la protección no será un problema. Este enfoque positivo del control de depredadores fomenta la coexistencia sin dañar directamente a los depredadores.

Dispositivos disuasorios

- Utilice dispositivos que emitan sonidos, luces u olores para disuadir a los depredadores de entrar en una zona. Con estos artilugios no perjudicará a los depredadores y, al mismo tiempo, se asegurará de que los animales domésticos permanezcan protegidos. Sin embargo, antes de utilizar cualquiera de estos dispositivos, póngase en contacto con las autoridades locales, ya que existen restricciones para el uso de dispositivos disuasorios específicos. Aunque este método mantiene eficazmente a raya a los depredadores, estos dispositivos también pueden crear molestias a otros animales salvajes.

Prácticas de gestión ganadera

Aplique estrategias como cambiar los patrones de pastoreo o proporcionar corrales nocturnos para reducir el riesgo de depredación. Ejecutar este método será posible mediante un cambio en las prácticas de gestión ganadera en las que reduzca la exposición de las presas a los depredadores.

Estrategias letales de control de depredadores

Trampeo selectivo

Utilice trampas para capturar depredadores específicos, permitiendo su liberación o eutanasia. Existen opiniones encontradas sobre el trampeo, y en la mayoría de las regiones deben seguirse las normativas.

Sacrificio

Se trata de la reducción controlada de las poblaciones de depredadores mediante su eliminación selectiva. Es una práctica controvertida y debe llevarse a cabo de forma ética con la participación de las autoridades pertinentes. Si el depredador es una especie silvestre, revise las leyes de gestión de la fauna silvestre y las normas que debe cumplir. Erradicar las poblaciones de depredadores en una zona específica puede alterar potencialmente el equilibrio del ecosistema.

Tiro aéreo

Emplee aviones para disparar a los depredadores desde el aire. Este método se utiliza principalmente para los grandes depredadores cuando fracasan los intentos de captura en tierra. Se utiliza una pistola de dardos para inyectar un sedante en el animal, dejándolo inconsciente y permitiendo su captura segura. Antes de utilizar este método, necesitará un permiso especial o un aviso de las autoridades locales.

Químicos/venenos

También puede utilizar sustancias químicas para envenenar a los depredadores. Este método se considera inhumano y controvertido, ya que mata a los depredadores de forma inhumana, expone a otros animales a un mayor riesgo de envenenamiento secundario y puede alterar significativamente el ecosistema.

Seguimiento y gestión adaptativa

Evalúe regularmente la eficacia de las estrategias de control y ajústelas en función de los resultados. Con un seguimiento regular, minimizará de forma natural el riesgo potencial y mejorará las estrategias existentes si surge alguna discrepancia.

Educación pública y divulgación

Informe e implique al público sobre los fundamentos y métodos del control de depredadores. Puede educar a sus vecinos y a los miembros de la comunidad sobre los métodos de control de depredadores, establecer su necesidad y determinar los efectos positivos que tendrán sobre todas las especies implicadas cuando se hagan de la forma correcta.

Poner en práctica una combinación de estas estrategias al tiempo que se consideran cuidadosamente los factores éticos, legales y medioambientales puede contribuir a un control eficaz y responsable de los depredadores al tiempo que se minimizan los impactos negativos sobre los ecosistemas y la vida salvaje. La evaluación periódica, la implicación de la comunidad y el cumplimiento de las normas éticas son esenciales para el éxito de cualquier programa de control de depredadores.

Gestión integrada de predadores

La gestión integrada de predadores (GIP) es un enfoque holístico que combina diversas estrategias para gestionar y mitigar el impacto de los predadores sobre el ganado, la fauna salvaje y los ecosistemas. El principio clave de la GIP es utilizar una combinación de métodos letales y no letales de forma integrada y adaptativa, teniendo en cuenta los aspectos ecológicos, económicos y éticos del control de depredadores. Este enfoque pretende lograr la máxima eficacia en la reducción de la depredación, minimizando al mismo tiempo los daños a las especies no objetivo y manteniendo un equilibrio en el ecosistema.

Ejemplos reales de éxito de la gestión integrada de depredadores

Parque Nacional de Yellowstone, EE. UU.

La reintroducción de lobos grises en Yellowstone en 1995 provocó un cambio en el ecosistema. Para abordar los conflictos con los ganaderos locales, se empleó una combinación de jinetes de pradera, animales guardianes (como perros y llamas) y un control letal selectivo. La integración de medidas letales y no letales contribuyó a reducir la depredación del ganado y facilitó la coexistencia de los lobos y las comunidades ganaderas.

Reserva Natural de NamibRand, Namibia

En NamibRand, donde los guepardos depredaban el ganado, se aplicó una combinación de perros guardianes, vallado mejorado e iniciativas de participación comunitaria. Las medidas no letales redujeron significativamente las pérdidas de ganado y fomentaron una relación más positiva entre la comunidad local y la población de guepardos.

Francia - Pirineos

En las regiones donde los osos pardos se cebaban con las ovejas, se aplicó un enfoque integrado que incluía perros guardianes, vallado eléctrico y programas de compensación para los ganaderos afectados. Resultados: Las medidas combinadas condujeron a una reducción de las pérdidas de ganado provocadas por los osos, contribuyendo tanto a la conservación de los depredadores como a la protección del ganado.

Australia - Perros guardianes de ganado

Los perros guardianes de ganado, como las razas Kangal y Maremma, se emplean para proteger el ganado de zorros y dingos. Estos perros han logrado reducir la depredación de ovejas y otro ganado sin recurrir al control letal, lo que demuestra la eficacia de los métodos no letales.

La gestión integrada de plagas reconoce la importancia de mantener el equilibrio ecológico teniendo en cuenta los efectos más amplios de las medidas de control sobre las especies no objetivo y la salud del ecosistema.

Con su enfoque polifacético y adaptativo, la gestión integrada de depredadores demuestra que se puede lograr un control eficaz de los depredadores al tiempo que se promueve la coexistencia y se minimizan los impactos negativos sobre los depredadores y los ecosistemas. Las historias de éxito de varias regiones subrayan la importancia de adaptar las estrategias a las circunstancias locales y de implicar a las comunidades para obtener resultados sostenibles y responsables.

Capítulo 3: Elegir el animal de guarda adecuado

Una evaluación exhaustiva de las necesidades de protección es un punto de partida fundamental para salvaguardar el ganado y la propiedad. Este capítulo fundacional pretende ilustrarle sobre la importancia de esta evaluación, destacando su papel en la toma de decisiones informadas a la hora de seleccionar animales de guarda y elaborar estrategias de protección.

Antes de explorar los animales de guarda y las estrategias de protección, es imprescindible reconocer la esencia de llevar a cabo una evaluación exhaustiva. Este proceso sirve de base sobre la que se construye una protección adecuada. Implica tener en cuenta factores como el tipo de ganado, la ubicación geográfica, las amenazas prevalentes y las vulnerabilidades específicas propias de la propiedad. La protección no es una tarea de talla única. Cada especie ganadera exige un enfoque a medida. Comienza con una evaluación que incluya la comprensión de estas amenazas, ya sea que la fauna depredadora, los ladrones oportunistas o los desafíos medioambientales sean primordiales. La geografía también desempeña un papel fundamental a la hora de determinar las necesidades de protección. Los retos a los que se enfrentan el ganado y la propiedad en las distintas regiones varían significativamente.

Este capítulo sienta las bases, desarrollando la comprensión del papel fundamental que desempeña una evaluación exhaustiva en la elaboración de planes de protección eficaces. Armado con estos conocimientos básicos, estará mejor equipado para navegar por el matizado mundo de la protección del ganado y la propiedad a medida que avance en el libro.

Comprender la dinámica del ganado

Para comprender exhaustivamente las necesidades de protección de su ganado, empiece por diseccionar los comportamientos, hábitos y requisitos específicos de cada especie. El ganado vacuno, por ejemplo, funciona dentro de una jerarquía social y puede requerir medidas de protección que tengan en cuenta su dinámica de rebaño. Las ovejas y las cabras, conocidas por su mentalidad de rebaño, pueden necesitar estrategias diferentes. Las aves de corral, con diversas razas y hábitos de forrajeo, exigen un enfoque matizado. Profundice en los entresijos de sus rutinas diarias, hábitos alimentarios e interacciones para adaptar una protección que se ajuste perfectamente a sus necesidades únicas.

El ganado funciona dentro de una jerarquía social y puede requerir medidas de protección⁶

Dimensiones de la propiedad

Más allá de las características específicas del ganado, la disposición física de su propiedad desempeña un papel fundamental a la hora de diseñar una protección adecuada. Evalúe el tamaño de su propiedad, tomando nota de características como barreras naturales, espacios abiertos y zonas aisladas. Identifique posibles escondites para los depredadores o zonas donde pueda congregarse el ganado. Este escrutinio permite la colocación estratégica de los protectores y ayuda a diseñar un vallado que complemente el trazado existente. Una evaluación en profundidad de estas dimensiones físicas sienta las bases para un plan de protección que armonice con el terreno.

Perspectivas geográficas

La geografía forma el lienzo sobre el que se pintan sus estrategias de protección. Evalúe el terreno: si su propiedad abarca paisajes accidentados, llanuras planas o incluye elementos acuáticos. Considere el clima, comprendiendo los rangos de temperatura, los niveles de precipitación y las variaciones estacionales. Tenga en cuenta los matices regionales, como la fauna salvaje cercana o los retos medioambientales predominantes. Este conocimiento exhaustivo orienta las decisiones sobre la protección de la selección de animales y la implantación de una infraestructura de protección que se integre perfectamente en el entorno natural.

Consideraciones sobre el microclima

La identificación de microclimas añade otra capa de precisión a su plan de protección. Identifique las zonas de su propiedad que puedan experimentar patrones climáticos o variaciones de temperatura únicos. Reconozca los puntos que pueden ser más propensos a condiciones extremas. Adaptar la protección a estos microclimas garantiza que sus estrategias sean prácticas y adaptables a los matices específicos del clima de su propiedad. Este enfoque granular mejora el bienestar de su ganado al reconocer y adaptarse a las variaciones localizadas.

Documentar las vulnerabilidades

Analice su propiedad de forma crítica para identificar las vulnerabilidades de sus medidas de protección actuales. Busque posibles puntos débiles en el vallado, zonas propensas a la erosión o puntos de acceso para los depredadores. Documentar estas vulnerabilidades le servirá de hoja de ruta para una fortificación estratégica. Este enfoque proactivo minimiza los riesgos, ya se trate de reforzar las vallas, implantar elementos disuasorios o rediseñar zonas específicas. Refuerza la solidez general de su plan de protección.

Evaluación de sus medidas de protección actuales

A la hora de salvaguardar su ganado y su propiedad, es imprescindible realizar una evaluación rigurosa de sus medidas de protección actuales. Este proceso reflexivo garantiza que sus estrategias actuales sean prácticas y se ajusten a las necesidades y retos cambiantes de su entorno. He aquí una guía paso a paso para ayudarle en esta autoevaluación crítica:

Infraestructura de cercado

Comience examinando de cerca su infraestructura de vallado. Evalúe su integridad, altura y material. Identifique cualquier signo de desgaste, daños o posibles puntos débiles. Evalúe si el vallado se ajusta a las necesidades específicas de su ganado y a la disposición de su propiedad. Considere el tipo de depredadores de su región y evalúe si su vallado actual es suficientemente disuasorio. Realice comprobaciones periódicas para garantizar una eficacia continua.

Sistemas de iluminación

Evalúe los sistemas de iluminación implantados en su propiedad, especialmente en las zonas cruciales para la protección del ganado y la propiedad. Una iluminación adecuada no solo disuade de posibles amenazas, sino que también ayuda en la vigilancia. Evalúe la cobertura, luminosidad y fiabilidad de sus instalaciones de iluminación actuales. Considere si iluminan eficazmente las zonas vitales y los posibles puntos ciegos. Una iluminación óptima mejora la seguridad general y puede ser un valioso elemento disuasorio durante las horas nocturnas.

Sistemas de alarma

Si dispone de sistemas de alarma, examine su funcionalidad y cobertura. Pruebe las alarmas periódicamente para asegurarse de que funcionan correctamente. Evalúe si los sistemas de alarma cubren las zonas críticas y si están equipados para detectar posibles amenazas con prontitud. Evalúe la capacidad de respuesta de sus mecanismos de supervisión o respuesta vinculados a estas alarmas. Un sistema de alarma robusto sirve como mecanismo de alerta temprana, proporcionando una capa crucial de protección.

Vigilancia y supervisión

Considere cualquier sistema de vigilancia o supervisión integrado en sus medidas de protección. Esto podría incluir cámaras de seguridad, sensores de movimiento u otras ayudas tecnológicas. Evalúe la cobertura y la claridad de sus sistemas de vigilancia. Asegúrese de que la vigilancia es coherente y de que se abordan los posibles puntos ciegos. Adopte los avances tecnológicos que se ajusten a sus necesidades de protección, mejorando su capacidad para detectar y responder a las amenazas con eficacia.

Integración de animales de guardia

Para quienes incorporen animales guardianes a su plan de protección, evalúe la eficacia de su presencia. Evalúe si las especies seleccionadas se ajustan a las amenazas específicas de su región. Observe su comportamiento y sus interacciones con el ganado. Evalúe si contribuyen a una sensación de seguridad y actúan como elemento disuasorio para los depredadores potenciales. La relación simbiótica entre los animales guardianes y otras medidas de protección es fundamental para una estrategia de defensa holística.

Protocolos de respuesta

Evalúe los protocolos de respuesta vigentes. Valore si dispone de planes de acción claros y bien comunicados en caso de que se produzca una violación de la seguridad. Revise la coordinación entre las personas implicadas en la respuesta a las amenazas. Asegúrese de que todas las personas de su propiedad conocen sus funciones y responsabilidades durante este tipo de situaciones. Realice simulacros con regularidad para practicar los protocolos de respuesta y abordar cualquier aspecto que necesite mejorar.

Mantenimiento regular

Por último, tenga en cuenta el aspecto del mantenimiento de sus medidas de protección, las inspecciones programadas con regularidad y las comprobaciones de mantenimiento del vallado, el alumbrado, los sistemas de alarma y otros componentes. Aborde el desgaste con prontitud y sustituya o mejore los equipos según sea necesario. Un enfoque proactivo del mantenimiento garantiza que sus medidas de protección sigan siendo fiables y eficaces a lo largo del tiempo.

Análisis de ruidos y molestias

Considere el impacto potencial del ruido y las perturbaciones en la funcionalidad de sus medidas de protección. El ruido, ya sea de construcciones cercanas, maquinaria o elementos naturales como tormentas, puede comprometer la eficacia de las alarmas o la vigilancia de los animales guardianes. Evalúe los niveles de decibelios y la frecuencia de estas perturbaciones y elabore estrategias para mitigar su impacto en sus sistemas de seguridad.

Gestión de la vegetación

Evalúe el papel de la vegetación en su infraestructura de protección. Los arbustos o árboles demasiado crecidos pueden comprometer la visibilidad de las cámaras de seguridad y proporcionar escondites a posibles amenazas. Evalúe y pode regularmente la vegetación para mantener líneas de visión claras y eliminar posibles puntos ciegos, asegurándose de que el crecimiento natural no obstaculiza sus medidas de protección.

Enfoque en varios niveles

Evalúe hasta qué punto sus medidas de protección funcionan juntas en un enfoque sinérgico de varios niveles. Asegúrese de que los distintos elementos -vallado, iluminación, alarmas y animales de guardia- se complementan entre sí para crear un sistema de defensa sólido. Considere las posibles lagunas o solapamientos en la cobertura y afine su estrategia para lograr una sinergia óptima entre las distintas capas de protección.

Colaboración vecinal

Explore la colaboración con las propiedades vecinas para mejorar la seguridad colectiva. Evalúe la posibilidad de compartir una red de comunicación o de coordinar los esfuerzos de protección. La comunicación abierta con los vecinos puede fomentar un sentimiento de protección comunitaria, permitiendo una respuesta más rápida y eficaz a las amenazas potenciales que trascienden los límites de la propiedad.

Adaptabilidad a las amenazas emergentes

Anticipe y evalúe la capacidad de adaptación de sus medidas de protección a las amenazas emergentes. Manténgase informado sobre las nuevas especies de depredadores de la región, la evolución de las condiciones medioambientales y los avances tecnológicos que podrían afectar a sus estrategias de defensa. Desarrolle una mentalidad proactiva que permita la evolución continua de su plan de protección para abordar eficazmente los retos emergentes.

Accesibilidad para los servicios de emergencia

Evalúe la accesibilidad de su propiedad para los servicios de emergencia. Asegúrese de que las entradas están señalizadas y los caminos son fácilmente transitables. Esta consideración es crucial para facilitar una respuesta rápida de los servicios de emergencia en caso de incidentes que requieran su intervención, contribuyendo así a la seguridad y el bienestar general de su ganado.

Medidas de identificación del ganado

Evalúe la idoneidad de las medidas de identificación de su ganado. Esto incluye crotales, microchips u otros métodos de identificación. Una identificación clara y convincente es esencial para la gestión de su ganado. Desempeña un papel crucial en los esfuerzos de recuperación en el desafortunado caso de robo o pérdida.

Medidas favorables a la fauna salvaje

Evalúe si sus estrategias de protección tienen en cuenta el bienestar de la fauna local. Aplique medidas que disuadan de las amenazas al ganado y, al mismo tiempo, minimicen los daños a las especies autóctonas. Esto podría implicar el uso de vallas respetuosas con la vida salvaje o elementos disuasorios que se dirijan específicamente a los depredadores potenciales sin causar daños a la fauna no amenazante.

Medidas de ciberseguridad

Si dispone de sistemas de protección tecnológicamente avanzados, evalúe su vulnerabilidad a las ciber amenazas. Implemente medidas de ciberseguridad sólidas para protegerse contra el acceso no autorizado o la manipulación. Actualice regularmente el software y el firmware para hacer frente a posibles vulnerabilidades y mantenerse a la vanguardia de las ciber amenazas en evolución, ya que los sistemas digitales utilizados para la gestión del ganado y los sistemas de seguridad pueden ser un objetivo potencial.

Cumplimiento legal

Asegúrese de que sus medidas de protección cumplen las normativas locales y las leyes de zonificación. Esto incluye adherirse a cualquier restricción sobre la altura del vallado, la iluminación o el uso de animales de guardia. El cumplimiento legal evita posibles problemas jurídicos y garantiza que sus medidas de protección se ajustan a las normas y reglamentos de la comunidad.

Explorando meticulosamente estas facetas con extremo detalle, usted recopila información y desarrolla una comprensión exhaustiva, que es la base de unas estrategias de protección informadas y adaptadas. Esta profundidad de conocimiento le posiciona para navegar por las complejidades de la protección del ganado y la propiedad con precisión y adaptabilidad.

Aclarar las necesidades específicas de protección

En la búsqueda de una estrategia de defensa sólida, la claridad de las necesidades específicas de protección se convierte en primordial. Cada paso de este proceso requiere una comprensión matizada, que permita la adaptación precisa de las defensas para mitigar los riesgos identificados. Profundicemos en los detalles:

Priorizar las áreas críticas

Comience por identificar meticulosamente y priorizar las áreas críticas de su propiedad. Estas podrían ir desde puntos de entrada vulnerables hasta zonas con alta concentración de ganado o áreas susceptibles de riesgos medioambientales. Esta priorización estratégica constituye la base para la asignación selectiva de recursos. Para las zonas críticas priorizadas, eleve la fortificación del vallado y las barreras físicas. Elija materiales y diseños que se ajusten con precisión a las amenazas identificadas. Eleve la estructura a un nivel que actúe como un elemento disuasorio eficaz contra los depredadores.

Evalúe la concentración de ganado

Identifique las zonas donde la concentración de ganado es pronunciada. Estos espacios exigen medidas de protección reforzadas. Considere estrategias como el vallado reforzado, el aumento de la iluminación o la vigilancia avanzada para fortificar estas zonas contra amenazas potenciales.

Identifique las zonas de alto riesgo

Escudriñe el paisaje para identificar las zonas de alto riesgo basándose en las vulnerabilidades previamente evaluadas. La vegetación densa, el terreno irregular o la proximidad a hábitats naturales podrían elevar los riesgos. Adapte las defensas en estas zonas empleando estrategias como el desbroce de la vegetación y el vallado especializado.

Personalizar la protección para un ganado específico

La precisión es fundamental a la hora de personalizar la protección para cada tipo de ganado. Reconozca las vulnerabilidades y comportamientos únicos asociados a las distintas especies. Elabore estrategias a medida que aborden los distintos retos que plantea cada categoría de ganado.

Emplee una vigilancia avanzada en las zonas de alto riesgo

Las zonas de alto riesgo exigen un enfoque de vigilancia sofisticado. Despliegue tecnologías avanzadas como cámaras de infrarrojos o sensores de gran alcance. Esta inversión tecnológica mejora la vigilancia y proporciona capacidades de detección precoz, especialmente en zonas susceptibles de sufrir problemas medioambientales.

Integrar estratégicamente a los animales de guardia

Coloque estratégicamente los animales de guardia en función de las zonas críticas priorizadas. Optimice sus ubicaciones para cubrir las zonas con eficacia. La rotación de los animales de guardia puede ser necesaria para maximizar su impacto en la disuasión, alineándose con el panorama siempre cambiante de las amenazas potenciales.

Vigilar los cambios medioambientales

Mantenga una actitud vigilante ante los cambios medioambientales que puedan afectar a las necesidades de protección. Las variaciones estacionales, los patrones migratorios de las amenazas potenciales o las alteraciones en la vegetación deberían provocar ajustes adaptativos en su estrategia de defensa.

Invierta en tecnologías específicas

Invierta estratégicamente en tecnologías diseñadas específicamente para contrarrestar los riesgos identificados. Esto puede incluir alarmas especializadas, dispositivos de rastreo para el ganado de alto valor o tecnologías adaptadas para mitigar los riesgos medioambientales. La precisión en las inversiones tecnológicas garantiza una utilización óptima de los recursos.

Evaluar las barreras naturales

Realice una evaluación exhaustiva de las barreras naturales presentes en su propiedad, como ríos, acantilados o bosques densos. Comprenda su potencial como elementos disuasorios para entradas no autorizadas o depredadores. Simultáneamente, evalúe cómo estas características pueden crear desafíos u oportunidades para su ganado, así como amenazas potenciales. Considere factores como la facilidad de acceso para la fauna salvaje o el impacto del terreno en la visibilidad.

Implemente medidas de bioseguridad

Integre un sólido sistema de bioseguridad para prevenir la introducción y propagación de enfermedades en su ganado. Esto implica aplicar protocolos estrictos de cuarentena para los animales nuevos, realizar controles sanitarios periódicos y garantizar prácticas adecuadas de eliminación de residuos. Evalúe la eficacia de estas medidas para mantener la salud y el bienestar de su ganado teniendo en cuenta factores como la prevalencia de enfermedades en su región.

Mejore los sistemas de comunicación

Mejore sus sistemas de comunicación para garantizar una coordinación rápida y eficaz durante las emergencias. Esto puede implicar invertir en radios bidireccionales fiables, teléfonos móviles con cobertura constante o sistemas de alerta comunitarios. Evalúe el alcance y la fiabilidad de estos sistemas teniendo en cuenta factores como el terreno y las posibles interferencias.

Utilice tecnologías inteligentes

Un dispositivo de seguimiento GPS puede ayudarle a controlar los movimientos de su ganado[6]

Explore la integración de tecnologías inteligentes para mejorar sus medidas de seguridad generales. Considere la posibilidad de emplear dispositivos de seguimiento GPS para su ganado con el fin de controlar sus movimientos en tiempo real. Además, evalúe la viabilidad de utilizar drones para la vigilancia aérea, que le proporcionen una vista de pájaro de su propiedad. Evalúe la viabilidad y eficacia de estas tecnologías en su contexto específico.

Investigue los patrones de la fauna local

Adquiera un conocimiento profundo de los patrones y comportamientos de la fauna local de su zona. Este conocimiento es crucial para elaborar defensas, teniendo en cuenta las interacciones entre los animales domésticos, la fauna salvaje y los depredadores potenciales. Evalúe cómo los comportamientos de la fauna salvaje podrían afectar a su ganado y adapte sus medidas de protección en consecuencia. Considere factores como los patrones de migración, los hábitos de alimentación y los conflictos potenciales.

Establezca un almacenamiento seguro

Cree instalaciones de almacenamiento seguras para el equipo valioso, el pienso y otros elementos esenciales. Evalúe el diseño y la construcción de estos almacenes, teniendo en cuenta factores como la durabilidad, la accesibilidad y la resistencia a la manipulación. Evalúe cómo contribuyen estos espacios de almacenamiento seguro a la seguridad de la propiedad y a la protección contra robos o daños.

Participe en la formación continua

Promueva programas de formación continua y exhaustiva para las personas implicadas en la gestión del ganado. Esto incluye educarles sobre los protocolos de respuesta y proporcionarles formación continua sobre la identificación de riesgos potenciales y la aplicación de medidas preventivas. Evalúe la eficacia de los programas de formación mediante evaluaciones periódicas y mecanismos de retroalimentación.

Investigue las medidas de prevención del robo de animales

Si el robo de ganado es motivo de preocupación, adopte medidas específicas para prevenir este tipo de incidentes. Esto podría implicar la aplicación de métodos de identificación, como microchips o marcas únicas, para que los animales robados sean fácilmente rastreables. Evalúe el éxito de estas medidas de prevención haciendo un seguimiento de los incidentes y las tasas de recuperación.

Desarrolle relaciones con las autoridades

Establezca y fomente las relaciones con las fuerzas de seguridad locales y las autoridades de control animal. Evalúe la eficacia de estas relaciones a la hora de crear un enfoque de colaboración para abordar los problemas de seguridad. Evalúe el apoyo y los conocimientos que proporcionan las autoridades para mejorar la seguridad general del ganado y de la propiedad.

Supervise los riesgos relacionados con el clima

Considere y supervise los riesgos relacionados con el clima que puedan afectar a su ganado y a su propiedad. Desarrolle estrategias para protegerse contra las inundaciones o los fenómenos meteorológicos extremos, incluyendo plataformas elevadas para refugiarse o recintos resistentes a las inundaciones. Evalúe la capacidad de recuperación de estas estrategias ante condiciones meteorológicas variables.

Invertir en formación para los animales de guardia

Proporcione adiestramiento especializado y continuo a los animales de guardia para mejorar su eficacia como protectores. Esto podría incluir adiestramiento de obediencia, exposición a diversas condiciones ambientales y refuerzo de los comportamientos protectores deseados. Evalúe el impacto del adiestramiento en el comportamiento y el rendimiento de los animales de guardia mediante evaluaciones periódicas.

Explore las opciones de seguro

Investigue opciones de seguros que cubran las pérdidas relacionadas con el ganado y la seguridad de la propiedad. Evalúe los términos y la cobertura que ofrecen los diferentes planes de seguros, teniendo en cuenta factores como el impacto financiero de los posibles incidentes de seguridad. Evalúe la fiabilidad y capacidad de respuesta de los proveedores de seguros tras las pérdidas relacionadas con la seguridad.

Comprender estos factores le permitirá conocer a fondo los matices y entresijos de la aplicación de estas medidas de protección. Esta evaluación detallada constituye la base de una estrategia de defensa completa y adaptable, adaptada a su contexto y requisitos únicos.

Capítulo 4: Perros guardianes del ganado: razas y rasgos

Este capítulo le presenta a los perros guardianes de ganado, explorando las diferentes razas y los rasgos que los hacen eficaces en la protección del ganado y la propiedad. Explica por qué estos animales son excelentes guardianes del ganado, por qué la selección de la raza es crucial a la hora de elegir perros guardianes del ganado y cómo ciertas razas se adaptan mejor a entornos y ganado específicos. El capítulo también ofrece una lista de las razas de guarda más conocidas utilizadas como guardianes del ganado (junto con su carácter y temperamento) y consejos para elegir la raza adecuada en función de las necesidades específicas, el clima, el ganado, etc.

El perro como guardián[7]

La importancia de los perros guardianes de ganado

Utilizar perros guardianes para salvaguardar el ganado es la forma más eficaz de mantener a raya a depredadores como los carnívoros (tanto cuadrúpedos como alados) u otros perros. En la práctica, los perros se suelen utilizar para vigilar animales más pequeños, como las aves de corral, y rumiantes, como cabras y ovejas, ya que éstos son más vulnerables a los depredadores debido a su tamaño. Sin embargo, algunas razas de perros también pueden trabajar con ganado de gran tamaño, como caballos y vacas.

Los perros guardianes de ganado tienen algunas características en común, como vivir y moverse alrededor del rebaño o manada. También son de mayor tamaño y fáciles de trabajar, lo que significa que se llevan bien con los animales que vigilan, con sus dueños y con otros perros guardianes, si los hay (las grandes explotaciones suelen necesitar más de un perro guardián de ganado). Han sido criados para proteger y evitar hacer daño a los animales que vigilan, incluso si están hambrientos o son atacados por ellos. Al mismo tiempo, suelen ser poco amistosos con otros animales, incluidos los perros callejeros y guardados que deambulan por su territorio. Un buen perro guardián mantiene alejados incluso a los perros y gatos del vecino, lo que es especialmente bueno para proteger a las aves de corral. También vigilan el comportamiento del ganado, lo que puede alertarles de la presencia de depredadores y otras amenazas.

Aunque tenga visitantes no deseados que no dañen a los animales de su granja, pueden dañar su propiedad y robar la comida de sus animales. Los perros guardianes de ganado evitarán que esto ocurra. Son pensadores independientes, lo que significa que no buscarán órdenes, sino que emprenderán la acción para la que han sido adiestrados inmediatamente después de advertir una amenaza potencial.

Otras ventajas de utilizar perros como guardianes del ganado son el aumento de los beneficios (con menos pérdidas debidas a los depredadores, la cría de animales resulta más rentable), la protección proactiva en lugar de mitigar los daños, la eliminación de la necesidad de otras medidas de control más costosas, como las trampas y la caza, la reducción de la probabilidad de que el ganado entre en contacto con animales salvajes portadores de enfermedades y una mayor eficacia con una menor inversión en mano de obra y tiempo.

Los perros guardianes de ganado son especialmente eficaces con rebaños y manadas grandes (mantenerlos para grupos pequeños puede no ser tan rentable) en zonas con altos índices de depredación. Cuando se les adiestra y cuida adecuadamente, los guardianes caninos representan una excelente inversión, especialmente para salvaguardar a los animales pequeños.

Las razas de perros guardianes de ganado más populares

No todos los perros pueden convertirse en guardianes del ganado. Las distintas razas poseen rasgos específicos de depredador que las hacen más eficaces para disuadir a determinados tipos de depredadores. A continuación encontrará las razas de perros guardianes de ganado más populares, sus características principales e información sobre socialización, compatibilidad con el ganado y salud.

Gran Pirineo

El Gran Pirineo es una de las razas de perro más grandes[8]

Una de las razas de perros guardianes más grandes es el Gran Pirineo, originario de las cortes reales francesa y española. Debido a su comportamiento tranquilo y regio, este can se utiliza sobre todo para proteger a las ovejas. Sin embargo, como siempre está buscando acción, también puede trabajar bien con animales más pequeños: cuanto más tenga que andar siguiéndolos, mejor. Al mismo tiempo, los grandes pirineos son perros increíblemente mansos y pacientes, por lo que no tendrá que preocuparse de que pisoteen a las aves de corral y al ganado joven. También son perfectos para las granjas familiares, ya que se llevan muy bien con los niños.

Alto y construido como un caballo en miniatura, este perro tiene un pelaje largo, blanco y esponjoso de doble capa y dobles garras de rocío en sus extremidades traseras. Prosperan en climas más fríos y no soportan temperaturas más altas debido a su pelo fino y lanoso. También son propensos a la displasia de cadera (crecimiento anormal de los tejidos), especialmente si uno o ambos progenitores padecían esta enfermedad.

Pastor de Anatolia

Los pastores de Anatolia son conocidos por su inteligencia y lealtad

Conocidos por su inteligencia y lealtad, los pastores de Anatolia son la encarnación del perro guardián perfecto. Son independientes y tranquilos por naturaleza, pero tienden a ladrar en exceso cuando perciben una amenaza. Esto suele ocurrir cuando los depredadores se acercan demasiado; de lo contrario, estos canes no llamarán la atención. Si lo hacen, puede estar seguro de que están haciendo su trabajo de proteger a sus animales y propiedades. Pueden emparejarse con ganado de todos los tamaños, y puede estar seguro de que los mantendrán a salvo mientras usted atiende sus otras responsabilidades en su granja/casa.

Los anatolios son perros grandes y musculosos con pelaje corto, lo que significa que se desenvuelven bien en climas cálidos. Puede dejarlos solos con el rebaño o manada durante varios días y estarán bien. Tienen muy pocos problemas de salud, pero requieren un adiestramiento intensivo. Hay que ser asertivo al adiestrarlos para que aprendan lo que se requiere de ellos. De lo contrario, actuarán de forma independiente y, aunque es poco probable que hagan daño al ganado, podrían dañar su propiedad en su intento excesivamente entusiasta de ahuyentar una amenaza percibida.

Komondor

Los komondor son caninos musculosos[10]

Al igual que los anatolios, los komondor son caninos musculosos, lo que los hace perfectos para vigilar grandes rebaños o utilizarlos en zonas donde los depredadores de mayor tamaño representan una amenaza frecuente. En lugar de ladrar, se lanzan a la acción y ahuyentan a los depredadores u otros intrusos que deambulan por su propiedad. Solo su tamaño puede bastar para disuadir a las pequeñas molestias y para que el ganado les respete. Son muy enérgicos, por lo que se recomiendan para territorios más grandes donde puedan corretear y salvaguardar activamente rebaños o manadas más grandes de animales de granja.

Los komondors tienen un pelaje espeso y blanco que es propenso a enredarse. Aun así, les mantiene calientes en los fríos inviernos de los climas más fríos (son originarios de Hungría). El aspecto único de su pelaje también les ayuda a mimetizarse bien con las ovejas, por lo que son los más utilizados para proteger a estos rumiantes. Los komondor requieren un adiestramiento intensivo y una socialización con el ganado antes de que se pueda confiar en ellos para salvaguardarlo. Una vez que el Komondor se familiariza con el rebaño o manada que se le ha encomendado proteger, junto con el territorio, se forma un fuerte vínculo y harán todo lo posible por protegerlos. Se caracterizan por una salud fuerte y una vida larga y activa.

Perro pastor del Cáucaso

Los perros de pastor del Cáucaso se utilizaban para salvaguardar el ganado[11]

Procedente de Rusia, el perro pastor del Cáucaso se utilizaba antiguamente para salvaguardar el ganado de grandes depredadores como lobos y osos. Se trata de canes cada vez más territoriales con un instinto de guarda excepcional. En cuanto perciban una amenaza, se enfrentarán a ella con confianza, por lo que usted no tendrá que preocuparse por la seguridad de su ganado mientras está ocupado con otras tareas.

Con su espeso pelaje de doble capa, estos perros prosperan en climas más fríos y no están hechos para estar al sol todo el día cuando hace calor. Tienen un cuerpo fuerte, lo que les convierte en una excelente protección contra los depredadores, pero son lo suficientemente mansos como para no dañar al ganado pequeño. Aun así, en la práctica, suelen utilizarse para vigilar rumiantes de cuerpo grande o mediano. Tienen pocos problemas de salud y pueden vivir entre 10 y 11 años.

Perro pastor de Maremma

Los perros pastor de Maremma tienen una constitución musculosa[12]

El perro pastor de Maremma es una raza de pelaje abundante y blanco y constitución musculosa destinada a salvaguardar el ganado de depredadores de todos los tamaños. A la vez que protege a los animales de la granja y se vincula con ellos muy fácilmente, este can no dudará en atacar a los intrusos. Se les conoce por ser especialmente protectores con los animales jóvenes, e incluso desconfían de las acciones de su dueño cuando están cerca de ellos. Son la opción perfecta para protegerse de los depredadores de cuatro patas, como coyotes y zorros, porque no se dejarán burlar por estas astutas criaturas. Los Maremmas también son desconfiados y percibirán una amenaza observando el comportamiento de los animales de granja. Alertan a los intrusos ladrando con fuerza, asegurándose de que se les oye y disuadiéndoles de avanzar en su territorio.

Son los guardianes perfectos para las ovejas, especialmente si los animales se mantienen en el exterior durante inviernos suaves y moderados. También les gusta trabajar en grupo, ya que son muy sociables, por lo que pueden emplearse junto a otros perros guardianes de ganado. Tienen pocos problemas de salud, pero son propensos a la displasia de cadera hereditaria.

Kuvasz

El Kuvasz tiene orígenes húngaros[18]

Al igual que el Komondor, el Kuvasz también tiene orígenes húngaros. Son caninos feroces y fuertes, siempre dispuestos a proteger su territorio y rebaño/manada. Forman fuertes lazos con el propietario y el ganado. Aunque no dudarán en actuar ante una amenaza percibida, no son completamente independientes. Prosperan con orientación y órdenes regulares. Al mismo tiempo, son algo más difíciles de adiestrar porque tienden a establecer una posición de liderazgo a una edad temprana. Por la misma razón, es mejor emplearlos solos (sin otros perros guardianes) o con canes con los que hayan sido socializados desde cachorros.

Los Kuvasz son excelentes opciones para ranchos y granjas con razas de ganado mayor. No toleran el comportamiento agresivo de otras especies, incluidos los animales de granja como las aves de corral, pero no les harán daño inadvertidamente. Tienen un pelaje blanco acordonado desarrollado específicamente para mimetizarse con las cabras y las ovejas que se han utilizado para vigilar desde la antigüedad. Toleran bastante bien todas las temperaturas y suelen gozar de buena salud.

Akbash

El Akbash es más pequeño que la mayoría de los caninos utilizados para la protección del ganado[14]

Como muchos otros perros guardianes de ganado, el Akbash tiene el pelaje blanco, aunque de longitud variable. También son más pequeños que la mayoría de los caninos utilizados para la protección del ganado, a menudo más esbeltos que robustos. Aun así, son conocidos por ser excelentes guardianes contra carnívoros depredadores como los lobos. Junto con su nombre, que se traduce como "cabeza blanca", estos perros proceden de Turquía.

Son independientes pero requieren bastante socialización antes de convertirse en guardianes eficientes y buenos compañeros de su rebaño o manada. Mantendrán una vigilancia atenta una vez que se familiaricen con su territorio y sus compañeros. No son pastores, lo que los hace adecuados para salvaguardar el ganado vacuno y ovino en un territorio más pequeño. No tienen muchos problemas de salud y pueden servir durante mucho tiempo en la mayoría de los climas.

Tosa Inu

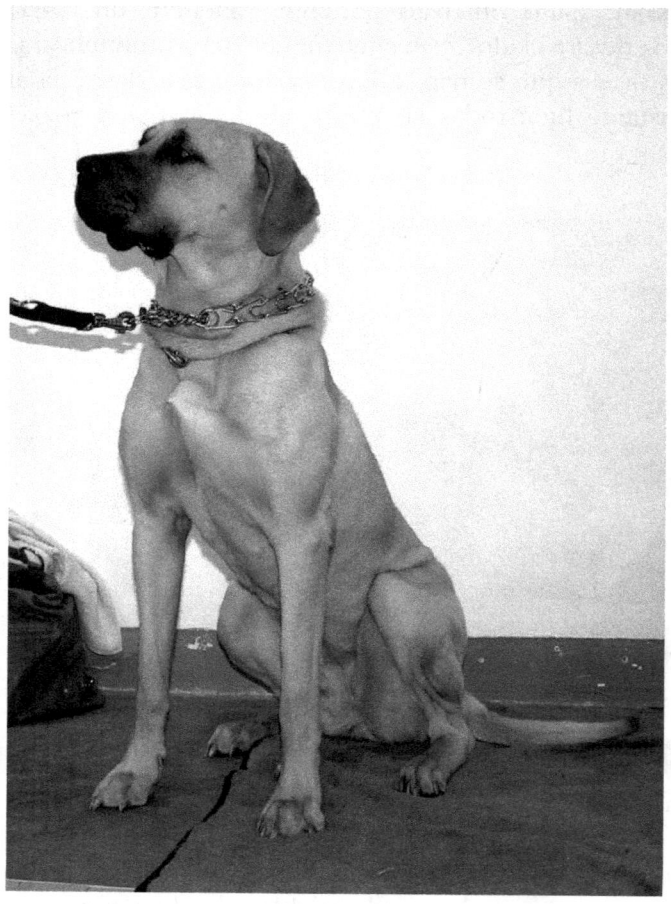

Los Tosa Inu pueden llegar a pesar hasta 130 libras[15]

A diferencia de la raza anterior, el Tosa Inu es mucho más grande y puede alcanzar hasta 130 libras de peso. Una de las mayores ventajas de un perro de este tamaño es que pueden llegar a ser más vigilantes, ya que no requieren tanto ejercicio como las razas más pequeñas. A pesar de su intimidante presencia (útil cuando necesitan ahuyentar a los intrusos), son mansos con su manada o rebaño. Al mismo tiempo, su instinto de presa excepcionalmente elevado garantizará que ningún depredador ponga en peligro su ganado o su propiedad. Además, requieren dirección y, a pesar de que les encanta vigilar pasivamente, no les gusta quedarse sin tarea.

A diferencia de otras razas guardianas, el Tosa Inu no es agresivo con las personas. Su pelaje corto y de color marrón claro les hace adecuados para todos los climas. Sin embargo, son propensos a desarrollar problemas articulares y enfermedades óseas, además de cáncer.

Mastín del Tíbet

El mastín tibetano tiene una presencia imponente[16]

Con un peso corporal que alcanza la asombrosa cifra de 160 libras, el Mastín Tibetano tiene una presencia imponente. Al igual que la anterior raza canina de gran tamaño, esta también tiene un pelaje y una cola cortos. Al requerir niveles moderados de ejercicio, son excelentes perros de rebaño para manadas y rebaños de todos los tamaños. Prosperan en climas más fríos porque, a pesar de ser cortos, su pelaje es relativamente denso. Sin embargo, pueden soportar temperaturas moderadamente cálidas siempre que no necesiten correr todo el día.

Los mastines tibetanos son increíblemente territoriales, lo que los convierte en el perro guardián perfecto. Percibirán a los intrusos desde muy lejos y se lanzarán a la acción para proteger a sus animales de granja y su propiedad si es necesario. A pesar de su gran instinto de presa, son gigantes mansos cuando se trata de su rebaño o manada, y socializan bien con sus dueños (incluidos los niños pequeños). Son propensos a tener problemas oculares y afecciones hereditarias como la displasia de cadera y de codo.

Cómo elegir la raza de perro guardián de ganado adecuada

Si se pregunta cómo elegir la raza adecuada en función de sus necesidades, el ganado y el clima, he aquí algunos consejos que le ayudarán a tomar una decisión informada.

Determine sus necesidades

El primer paso para encontrar un perro guardián adecuado es determinar sus necesidades en función de los animales que tenga y dónde los tenga. ¿Tiene predominantemente ganado mayor, como vacas o caballos? Si es así, necesitará un perro poco energético. Sin embargo, suponga que tiene animales más pequeños o que necesitan ser pastoreados. En ese caso, un can de alta energía prosperará correteando. Por el contrario, estos perros no encajarán bien en la vigilancia de interiores, ya que se aburrirán, se mostrarán desatentos o agresivos. Considere también cuánto espacio necesitarán cubrir los guardianes caninos. Si tiene una granja grande con varios pastos, es probable que necesite varios perros; en ese caso, opte por los que trabajen bien en grupo. Responder a estas y otras preguntas sobre sus requisitos y condiciones le ayudará a encontrar el can que mejor se adapte a ellos.

Piense en las necesidades de su perro guardián

Otro aspecto crucial a tener en cuenta son todas las necesidades de su perro guardián. Aunque la mayoría de los perros guardianes de ganado prosperan siendo trabajadores independientes, algunos requieren más atención y cuidados que otros. Algunos perros pueden quedarse solos vigilando durante días, y necesitará proporcionarles suficiente comida y agua durante este tiempo. Son ideales si vive lejos de su granja y solo puede visitarla ciertos días. Otros perros son más sociables y prosperan mejor si interactúan con su dueño a diario. Piense en su clima. Los perros guardianes viven en el exterior, pero si vive en un clima inestable o con temperaturas excesivamente cálidas, su protector canino necesitará algún tipo de refugio contra los elementos.

Investigue las posibles razas y perros

Una vez que tenga claras sus necesidades y la condición, puede investigar las distintas razas de perros guardianes para acotar su elección. En este punto, tenga en cuenta el *adiestramiento*. Algunos criadores adiestran a los perros guardianes con fines precisos. Sin embargo, aún tendrá que ocuparse de socializar a su can en su propiedad y con los animales a los que vigilará y junto a los que trabajará (si tiene varios perros guardianes). Dependiendo del tipo de animales que tenga, puede que también tenga que pensar en un adiestramiento especializado para tareas como el pastoreo, por ejemplo. Considere cuánto está dispuesto a invertir en adiestramiento (algunos perros requieren mucho más adiestramiento que otros) antes de decantarse por una raza u otra. Cuando encuentre la raza adecuada, puede proceder a buscar los perros individuales. Recuerde que no todos los perros serán adecuados para convertirse en guardianes del ganado a pesar de que su raza sea conocida como protectora.

¿Es la itinerancia una opción?

Aunque los perros guardianes del ganado pueden adiestrarse para ceñirse a un territorio vallado, algunos son más propensos a vagabundear. Los perros con mucha energía preferirán cubrir una distancia mayor cuando busquen presas y, si tiene una granja pequeña, esto podría llevarlos fuera de su propiedad. Además de causar posibles problemas con los vecinos, esto también puede ser problemático si se niegan a permanecer dentro de la pequeña zona en la que los ha colocado junto al rebaño o manada que deben vigilar. Si desea que sus guardianes caninos permanezcan en pequeños pastos, opte por una raza no errante que se conforme con medidas de protección pasiva, como la vigilancia de señales de depredadores por el comportamiento del ganado.

Considere el temperamento del can

Aunque la mayoría de los guardianes del ganado se caracterizan por un temperamento tranquilo, los que requieren mayores niveles de actividad podrían volverse ansiosos o agresivos en espacios reducidos. Al mismo tiempo, no querrá que su perro guardián sea tímido o se acobarde ante otros animales, sobre todo si necesita que le proteja de los depredadores. *El instinto de presa* es la característica instintiva de un perro para encontrar, perseguir y capturar a otro animal. La mayoría de los perros guardianes de ganado se crían para que no tengan un fuerte instinto de presa, de modo que puedan vigilar a los animales de granja en lugar de cazarlos y hacerles daño. Sin embargo, algunos guardianes caninos seguirán persiguiendo instintivamente a otros animales que invadan o amenacen con invadir su territorio. Esto puede ser positivo para mantener a raya a los carnívoros depredadores. En este caso, investigar si existe una amenaza (como hacen la mayoría de los caninos con poco instinto de presa) no es suficiente. Necesitan enfrentarse activamente a los intrusos. Si vive en una zona con una alta prevalencia de depredadores, necesitará un perro con un elevado instinto de presa, pero que no dañe a su ganado. En este caso, el objetivo es encontrar un equilibrio entre la calma y el estado de alerta. Sin embargo, si no tiene muchos depredadores en la zona y su principal preocupación es tener un perro de pastoreo que acabe ahuyentando a los bichos que puedan dañar su propiedad y portar enfermedades, entonces necesitará un perro más tranquilo con un menor instinto de presa para evitar que muerda o persiga a los animales de la granja.

Los ladridos son otro factor a tener en cuenta. ¿Quiere que su guardián canino le alerte de una amenaza para su ganado con ladridos intensos, pero que luego espere sus órdenes a menos que el intruso ataque? Si no es así, entonces necesita un pensador independiente que salte a la acción en lugar de limitarse a alterarse con ladridos o aullidos. Además, los ladradores pueden no llevarse bien con ciertos tipos de animales y agitarse y confundirse aún más. Aunque ser alertado de una amenaza es beneficioso para el perro guardián, crear confusión puede hacerles más vulnerables a los depredadores (por ejemplo, podrían correr en dirección contraria a la que se supone que deben correr y acabar en una zona donde los depredadores puedan alcanzarles).

Examine las interacciones del perro con el ganado

Considere cómo quiere que los guardianes caninos interactúen con su ganado. ¿Quiere que su ganado siga las indicaciones del perro cuando pastoree, pero que no le tenga miedo? En caso afirmativo, busque una raza con un comportamiento naturalmente imponente sin ser excesivamente dominante. Deben ser cautelosos, pero es fácil socializarlos con los animales de granja. Algunas razas prefieren vigilar desde lejos y no dejarse coger o pisar accidentalmente por el ganado. Si tiene que guardar animales más grandes, no querrá un perro que los muerda si accidentalmente lo pican. Asimismo, algunas razas de perro prefieren correr por el territorio ganadero, mientras que otras pasean tranquilamente con su ganado, observando en silencio su comportamiento. Estos últimos también dormirán de buena gana junto a los animales, así que si esto es algo que necesita, busque razas a las que no les importe interactuar y socializar con su rebaño.

Capítulo 5: Adiestramiento, alimentación y cuidados

Este capítulo le guiará a través de los fundamentos del adiestramiento de los LGD. Entenderá qué es el adiestramiento de obediencia o comunicación y por qué es un precursor esencial de la socialización. También encontrará consejos para el adiestramiento del LGD, trucos, órdenes básicas y otras órdenes que podrá enseñar a su perro. A continuación, conocerá las distintas opciones de nutrición entre las que puede elegir y comprenderá los factores que determinan el tipo y la cantidad de comida que su perro necesita para prosperar. Por último, aprenderá sobre cuidados veterinarios y dentales, vacunas, detección de signos de enfermedad, control de parásitos y acicalamiento.

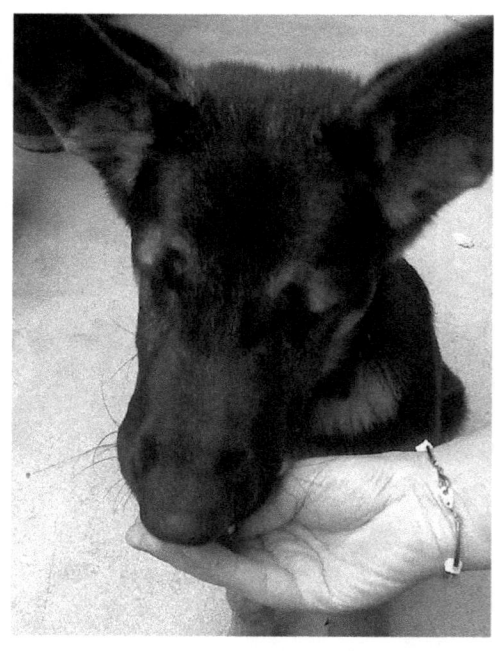

Los perros guardianes requieren unos cuidados adecuados[17]

Adiestramiento de su perro guardián de ganado

La creencia de que los perros guardianes no necesitan interactuar y establecer vínculos con los humanos es un error muy común. Como todos los demás, los perros guardianes de ganado ansían establecer lazos de compañerismo con sus humanos. Aunque los LGD (perros guardianes de ganado) son muy inteligentes y capaces de proteger el ganado, incluso sin supervisión constante, siguen acudiendo a sus dueños en busca de apoyo, orientación, aprobación y, lo que es más importante, compañerismo.

Adiestrar a los LGD es un proceso largo. Sin embargo, no debería ser demasiado difícil de llevar a cabo con las técnicas y herramientas adecuadas. Si elige la raza adecuada para la persona a la que va dirigida, esta debería responder a sus esfuerzos siempre que las sesiones de adiestramiento sean divertidas, ligeras e interesantes.

Adiestramiento en obediencia (comunicación)

Cuando adiestre a un LGD, debe comenzar con el adiestramiento de obediencia antes de presentarlo al ganado que protege. Esto lo preparará para el éxito en su papel de perro guardián y garantizará que responda a sus órdenes y adopte comportamientos deseables. El adiestramiento en obediencia es esencial para unas relaciones e interacciones sanas y para la seguridad de su perro, del ganado y de las personas.

Los perros guardianes suelen ser muy grandes y poderosos. Si no están adiestrados en obediencia, cualquier movimiento o acción repentina que realicen podría poner en peligro a los demás. Imagine a su gran mastín saltando sobre un niño (incluso con la intención de jugar con él). Si no consigue que el perro le haga caso, probablemente haría daño a ese niño.

También podría ponerse en peligro a sí mismo si no escucha sus órdenes. Por ejemplo, si el perro ataca a un depredador y usted observa que el animal intenta huir, el perro no responderá si usted le ordena que "venga" o que lo suelte. El depredador, en ese caso, podría herir a su perro. En algunos casos, los GDL que nunca han presenciado un parto podrían matar al ganado recién nacido, confundiéndolos con fuentes potenciales de peligro. Esta es otra situación en la que el adiestramiento en obediencia resulta útil.

Crear un vínculo fuerte es tanto una base como un resultado del adiestramiento en obediencia. Si quiere que su perro le haga caso, debe invertir tiempo y esfuerzo en construir una relación sólida con él. Debe crear una asociación en la que ambos se cuiden, respeten y cuiden el uno del otro. Su perro corresponderá a cómo lo trata y a lo que siente por él.

Muchos adiestradores de perros sugieren que "el adiestramiento de obediencia es un término anticuado, y que la palabra 'obediencia' debería sustituirse por 'comunicación'". Nunca debe acercarse a su perro desde un lugar de poder y control. Por el contrario, considérelo una forma de enseñar a su perro a trabajar con usted y una oportunidad de aprender a trabajar con él. Manteniendo la mentalidad de asociación y comunicación, acabará consiguiendo que el perro le obedezca.

Técnicas de adiestramiento en positivo

Los métodos de adiestramiento en positivo requieren que usted refuerce los comportamientos deseables en lugar de utilizar el castigo y la vergüenza para disuadir a su perro de comportamientos indeseables. Utilizar palabras de elogio, pausas para jugar y golosinas y hacer que las sesiones de adiestramiento se parezcan más a un juego permitirán que su perro perciba el adiestramiento y la obediencia como algo divertido y gratificante en lugar de obediente y dominante.

Al adiestrar a su perro, debe tener en cuenta sus necesidades y comportamientos. Por ejemplo, si tiene comportamientos inusuales o ladra más de lo habitual, debe mostrar preocupación. Compruebe si hay algo a lo que ladra, acarícielo y tranquilícelo. Responder a las necesidades y preocupaciones de su perro se percibirá como un signo de atención y respeto, lo que reforzará aún más su vínculo y aumentará la eficacia de sus esfuerzos de adiestramiento. Utilizar métodos de adiestramiento en positivo no solo es muy eficaz, sino que además es la única forma ética y humana de tratar a su perro.

Consejos y trucos para adiestrar a su perro

1. **Libere toda la energía acumulada.** Si su perro está excitado y todo exaltado durante la sesión de adiestramiento, tendrá dificultades para enseñarle nada. Asegúrese de que ha tenido tiempo suficiente para hacer ejercicio y jugar, de modo que esté más tranquilo y menos hiperactivo cuando empiece.

2. **Cree una zona libre de distracciones.** La mayoría de los perros se distraen muy fácilmente con cualquier sonido, objeto o incluso

olor que les resulte interesante. A los perros, sobre todo a los que nunca han sido adiestrados, suele costarles aprender cosas nuevas. Adiestrarlos en un lugar donde es probable que se encuentren con diversos estímulos externos no se lo pone nada fácil. Elija un entorno libre de distracciones para sus sesiones de adiestramiento para obtener experiencias de aprendizaje más fructíferas.

3. **Lo más importante: disfrute.** Los perros son criaturas juguetonas por naturaleza. Responden y se involucran con cosas que perciben como divertidas. Sus sesiones de adiestramiento deben ser divertidas y sentirse como un juego y no como una tarea. Aproveche esta oportunidad para establecer un vínculo con su perro y pasar juntos un rato divertido y de calidad.

4. **Establezca un sistema** de recompensas. Debe utilizar recompensas para reforzar el buen comportamiento dando al perro algo que desee cada vez que responda a una de sus señales. Conocer a su perro le permitirá determinar qué recompensa desea más. Algunos perros prefieren las golosinas, a otros les encanta jugar con su juguete favorito durante unos minutos y, para otros, las palmaditas, las caricias en el vientre y unas palabras de elogio bastarán.

5. **Sepa cuándo son necesarias las pausas** Lo más probable es que sus esfuerzos resulten contraproducentes si reanuda el adiestramiento de su perro cuando ambos están claramente frustrados. A veces, ambos deben tomarse un descanso durante unos días. Sin embargo, cuando esté de descanso, evite dar señales u órdenes a su perro; si no responde, tendrá que volver a adiestrarlo. También debe intentar siempre terminar la sesión con éxito.

6. **Pruebe sus órdenes en diferentes escenarios.** Si ha conseguido que su perro "venga", por ejemplo, en el patio trasero, debe intentar que responda a la orden en el parque, en el porche o dentro de casa. Algunos perros no entienden que su respuesta a una orden determinada no depende del contexto o el entorno, por lo que debe probar sus respuestas en lugares diferentes.

7. **Introduzca distracciones.** Si su perro responde con éxito a sus órdenes en diferentes entornos, debe introducir gradualmente distracciones en el contexto. Debe asegurarse de que su perro le escucha incluso cuando encuentre algo más interesante que hacer

o explorar. Recuerde que, como guardián del ganado, su perro estará rodeado de múltiples distracciones, por lo que este paso es esencial. Una vez que haya completado su adiestramiento de obediencia básica, deberá trabajar para adiestrarlo en un parque concurrido, rodeado de otras personas y animales, y cerca del ganado. También debe adiestrarlo incluso cuando aún esté hiperactivo y no haya tenido la oportunidad de liberar su exceso de energía. Su adiestramiento tendrá éxito cuando su perro le responda independientemente de cómo se sienta y del entorno.

La duración del adiestramiento depende de lo receptivo que sea su perro. Sin embargo, en la mayoría de los casos, tendrá que adiestrar constantemente a su perro durante varios meses antes de que esté preparado para vigilar el ganado. No se rinda y recuerde que, por imposible que le parezca, todos los perros son adiestrables si invierte el tiempo, el esfuerzo y la constancia que necesitan.

Espere que el ritmo de aprendizaje de su perro varíe según las distintas órdenes. Puede que capte algunas en solo unos días y tarde semanas en aprender otras. Evitar la frustración y ser paciente es la clave. También debe ser consciente de cuándo detiene o disminuye las recompensas. Debe hacerlo cuando esté seguro de que no perderá el control.

Las 6 órdenes principales

Varias órdenes resultan útiles para un perro guardián de ganado; sin embargo, las 6 más importantes son:

1. **Mírame** Esta orden es muy útil y suele ser fácil de aprender para los perros. Puede prepararle para el éxito en el resto del adiestramiento porque anima a su perro a mirarle y a centrarse en lo que usted tiene que decir. Puede utilizar esta orden como distracción si necesita que deje de hacer algo que no debe. También le permite (normalmente) llamar su atención independientemente de la situación.

2. **Sentarse**. Es necesario que su perro aprenda esta orden antes de que pueda enseñarle a "quedarse". Es más fácil que los perros aprendan a quedarse cuando ya están sentados.

3. **Quedarse.** Enseñar a su perro a quedarse es crucial porque, en muchos casos, es la única forma de conseguir que retroceda por su seguridad o de evitar que haga daño a otras personas.

4. **Venir.** Al igual que la orden "quieto", "ven" puede utilizarse para impedir que su perro se haga daño a sí mismo o a otros. También suele ser una solución más segura al problema.

5. **Déjelo.** Esta es otra orden que puede proteger tanto a su perro como al ganado. Si observa que un depredador intenta huir o su perro ataca por error al ganado (recién nacido o nuevo), puede pedirle con seguridad que deje en paz al animal.

6. **Apagado.** Otra orden fácil que puede enseñar a su perro es pedirle que se baje si salta sobre usted u otras personas. Muchos perros dejan de saltar sobre la gente por completo si sus dueños les repiten esta orden lo suficiente para que comprendan que es algo que no deben hacer.

Otras órdenes útiles, aunque no esenciales, son levantarse, agacharse y sacudirse. Algunas personas también piden a sus perros que ladren a demanda mediante la orden "hablar". En realidad, esta orden puede ayudar a potenciar los instintos protectores del perro, animándole a ladrar cuando algo va mal.

Duración y desafíos

Aunque existen pautas generales que debe seguir al adiestrar a su LGD, debe tener en cuenta que el proceso de adiestramiento no es único. Al igual que los humanos, cada perro tiene una personalidad única que lo hace más receptivo a ciertos tipos de adiestramiento a la orden. Mientras que algunos perros más amistosos y protectores por naturaleza son más proclives a establecer vínculos con el ganado y vigilarlo, otros pueden necesitar más tiempo para comprender lo que se les pide. Esto también se aplica a su ganado. Algunos se adaptarán fácilmente y responderán bien a la presencia del perro. Por el contrario, otros mostrarán inicialmente signos de agresividad hacia el perro.

Cada propietario de ganado y de LGD experimenta retos únicos a lo largo del proceso porque la situación depende únicamente de cómo se relacionen los animales entre sí. El proceso de socialización es el paso más crucial. Es donde surgen la mayoría de los problemas y cuando hay que ser más paciente y creativo para encontrar soluciones. También debe saber que el proceso de adiestramiento requiere mucho ensayo y error hasta que descubra qué funciona mejor para su perro.

Lo mejor es que si decide adquirir y adiestrar más perros más adelante, se enfrentará a muchos menos retos. Usted tendrá más experiencia y estará más preparado, y los cachorros responderán mejor porque modelarán de forma natural los comportamientos del LGD adiestrado. En muchos casos, los LGD mayores corrigen a los cachorros más jóvenes, con lo que su única responsabilidad será supervisar y vigilar el proceso.

Cuando piense en adquirir un LGD, también debería considerar la posibilidad de tener más de un perro. Los LGD funcionan mejor en manada, es probable que muestren muchos menos problemas de comportamiento y experimenten retos de adiestramiento cuando trabajan en grupo. Y lo que es más importante, un solo perro no puede controlar eficazmente a los depredadores y proteger todo su rancho. No obstante, el número exacto de animales de guarda que necesita depende del tamaño de su rancho, del número y tipo de ganado que posea y de la naturaleza de los depredadores circundantes.

Alimentar a su LGD

Supongamos que lleva un tiempo leyendo sobre el cuidado y la alimentación de los LGD. En ese caso, probablemente se habrá dado cuenta de que el mayor debate en relación con la nutrición de los LGD es si debe optar por alimentos comerciales o crudos. Muchos profesionales sugieren que los LGD deben alimentarse con comida cruda, ya que descienden de los lobos. Por el contrario, otros argumentan que los perros domesticados tienen necesidades dietéticas y sistemas digestivos totalmente diferentes, lo que exige una dieta más variada y equilibrada. No existe un enfoque sólido correcto o incorrecto sobre cómo debe alimentar a su perro, siempre que esté sano y reciba todos los nutrientes que necesita para prosperar.

Comida comercial para perros

La mayoría de los propietarios de LGD prefieren alimentar a sus perros con comida comercial de alta calidad (algunos recomiendan también los tipos sin cereales), ya que contiene el equilibrio adecuado de proteínas, grasas, carbohidratos, vitaminas y minerales. Este es un buen punto de partida, y siempre puede cambiar de opinión y probar dietas diferentes más adelante. Asegúrese, no obstante, de consultar a un veterinario antes de hacer diferencias sustanciales.

Existen numerosas marcas comerciales de comida para perros en el mercado, desde opciones muy asequibles a otras extremadamente caras. Por desgracia, los propietarios de perros han comprobado una y otra vez que se obtiene lo que se paga en términos de calidad y valor nutricional. Las marcas baratas no satisfarán las necesidades nutricionales de su perro, dejándole siempre hambriento y fatigado. Acabará teniendo que alimentarlo más, lo que puede provocar el sobrepeso del perro. Incluso cuando esto ocurra, su perro seguirá teniendo carencias nutricionales. Utilice cuencos muy grandes y duraderos para alimentar a su perro.

Cantidades de comida

Puede alternar entre varias marcas de alta calidad para que su perro no se aburra al cabo de un tiempo. Por lo general, los perros adultos deben alimentarse dos veces al día, mientras que los cachorros requieren una comida adicional. Dicho esto, algunos propietarios de perros prefieren alimentar a los cachorros unas 4 veces al día hasta que tengan al menos tres meses. Aunque se trata de indicaciones genéricas, debe consultar a su veterinario porque comprenderá mejor las necesidades únicas de su perro. La cantidad exacta de comida que necesita un perro depende de su peso y sus niveles de actividad. Las perras mayores, preñadas y lactantes, así como las que padecen problemas de salud, también requieren una alimentación específica.

Si tiene muchos perros en su rancho, alimentar a cada uno de ellos dos veces al día puede ser una tarea desalentadora. Por ello, muchos propietarios de ranchos prefieren alimentar a sus LGD en libertad. Si también debe hacerlo, intente vigilar los hábitos alimenticios de sus perros, así como su peso, para asegurarse de que no engordan más de lo que se considera saludable.

Si planea someter a su perro a una dieta cruda, también debe consultar a su veterinario sobre cómo aplicarla con seguridad y asegurarse de que su perro satisface sus necesidades nutricionales. Algunas marcas ofrecen opciones de alimentos crudos congelados, secos y deshidratados para perros, que se consideran cómodos y fáciles de servir.

Cuidados sanitarios y de rutina

Cuidados veterinarios

- Los perros adultos deben someterse a un examen veterinario anual (como mínimo).
- Los cachorros (hasta los 4 meses de edad) deben acudir al veterinario cada 3 o 4 semanas.
- Los perros de más de 7 años deben someterse al menos a 2 exámenes veterinarios al año.

Signos de enfermedad

Los propietarios de perros pueden detectar fácilmente signos de enfermedad observando cambios en el comportamiento de su perro. Debe llevar a su perro al veterinario si observa cambios en el apetito, los niveles de actividad, la frecuencia de micción, picores, cojera o signos más evidentes de enfermedad.

Vacunas

Los perros deben vacunarse igual que las personas. Haga un seguimiento con su veterinario para estar al día de las vacunas rutinarias de su perro para protegerlo contra las enfermedades. La rabia, el moquillo y el parvovirus se consideran vacunas esenciales. Sin embargo, dependiendo de las circunstancias ambientales y regionales, su perro podría necesitar vacunas adicionales.

Control de parásitos

Tenias, ascárides, tricocéfalos y anquilostomas son algunos de los principales parásitos intestinales que pueden desarrollar los perros. Estos parásitos pueden dañar gravemente el sistema digestivo del animal y dificultar su capacidad para absorber los nutrientes que necesita. La mejor forma de detectar si su perro tiene un parásito intestinal es hacer analizar una muestra de heces al menos una vez al año. Asegúrese de limpiar con frecuencia las heces de su perro, ya que algunos parásitos pueden transmitirse a los humanos y a otros animales.

Algunos parásitos, como los gusanos del corazón, que suelen ser mortales, se transmiten a través de las picaduras de mosquitos. Los perros también pueden contraer parásitos externos como los ácaros de la sarna, las pulgas y las garrapatas. Puede utilizar aerosoles corporales especializados como medidas preventivas para proteger a su perro.

Cuidado dental

Alimentar a su perro con comida seca, ofrecerle ciertos juguetes para masticar y cepillarle los dientes con regularidad le ayudará a mantener sanas sus encías y dientes.

Aseo

Debe cepillar el pelo de su perro con regularidad para deshacerse de los enredos, retirar pequeños objetos que pudieran haberse enredado accidentalmente en él y eliminar el pelo desprendido. Los mechones y enredos pueden irritar la piel de su perro, haciéndolo más propenso a desarrollar infecciones. También debe bañar a su perro con champú para mascotas periódicamente. Consulte a su veterinario sobre la frecuencia con la que debe bañar a su perro, ya que un lavado excesivo puede irritar la piel.

Este capítulo sirve de miniguía sobre cómo adiestrar, alimentar y cuidar a los perros guardianes del ganado para garantizar su bienestar y eficacia en la protección de su ganado. Ahora que lo ha leído, comprenderá por qué el adiestramiento, la alimentación y los cuidados son cruciales para el éxito de su perro en su papel de guardián.

Capítulo 6: Solución de problemas de comportamiento del LGD

En este capítulo fundamental, explorará los comportamientos del perro guardián del ganado (LGD), reconociéndolos como el eje para proteger adecuadamente el ganado y la propiedad. El énfasis aquí se extiende más allá de abordar los desafíos de comportamiento únicamente para la funcionalidad de los LGD; resuena con la comprensión fundamental de que su bienestar está inexorablemente ligado a su competencia como guardianes. Este capítulo navega por la identificación y comprensión de los problemas de comportamiento. Esboza intrincadamente métodos para abordar y resolver eficazmente estos desafíos.

Tómese el tiempo necesario para comprender el comportamiento de su perro guardián[18]

Realización de una evaluación exhaustiva

A la hora de abordar los comportamientos del perro guardián de ganado, es crucial llevar a cabo una evaluación. Este proceso multifacético implica una observación aguda, el establecimiento de una línea de base, la identificación de los factores desencadenantes, la evaluación de la salud y el análisis de las interacciones tanto con los humanos como con el ganado. He aquí los pasos que puede dar para llevar a cabo una evaluación exhaustiva.

Técnicas de observación

Para iniciar este proceso, observe al LGD en su entorno natural. Sea testigo de la intrincada danza de sus interacciones con el ganado, tomando nota de su comportamiento y sus acciones. Observe cómo responde a las amenazas potenciales, mostrando alerta, agresividad o miedo. Documente las pautas de comportamiento habituales, incluido el marcaje territorial, las rutas de patrulla y las interacciones sociales con humanos y otros animales.

Establecer comportamientos de referencia

La creación de una línea de base es fundamental para identificar desviaciones que puedan ser señal de problemas subyacentes. Documente las actividades diarias típicas del LGD, incluyendo el patrullaje, el descanso y la interacción con el ganado y los humanos. Comprenda el sentido del territorio del perro, observando sus comportamientos territoriales y cómo marca y defiende su espacio. Esta línea de base sirve como punto de referencia para reconocer los cambios de comportamiento.

Identificar los desencadenantes

Los desencadenantes desempeñan un papel importante a la hora de influir en el comportamiento del LGD. Identifique los cambios ambientales que puedan actuar como desencadenantes, como la aparición de nueva fauna, construcciones o alteraciones en el paisaje. Registre las reacciones del LGD ante estos desencadenantes potenciales, anotando si responde con calma o muestra signos de estrés o agresividad. Este conocimiento ayuda a abordar las causas profundas de los comportamientos indeseables.

Salud y examen físico

La integración de la salud en el proceso de evaluación es crucial. Colabore con los profesionales veterinarios para llevar a cabo un examen físico completo, asegurándose de que el LGD goza de una salud física óptima. Aborde cualquier problema de salud que pueda influir en su comportamiento, reconociendo que el dolor o el malestar pueden manifestar cambios de comportamiento. Un enfoque holístico abarca tanto el bienestar físico como el mental.

Analizar las interacciones

Evalúe cómo interactúa el LGD tanto con los humanos como con el ganado. Evalúe la calidad del vínculo entre el LGD y sus cuidadores, garantizando una comunicación coherente y positiva. Examine las interacciones del LGD con el ganado, buscando signos de estrés o agresividad y evaluando su eficacia en la protección del rebaño. La dinámica de estas interacciones proporciona una visión profunda del rendimiento y los retos del LGD.

Desviaciones del comportamiento

Identificar las desviaciones de las líneas de base establecidas es vital. Registre cualquier cambio en el comportamiento, como el aumento de la agresividad, el retraimiento o la alteración de los patrones de patrulla. Documente cuándo se producen estas desviaciones del comportamiento, ya estén relacionadas con momentos concretos del día, estaciones o acontecimientos. Esta comprensión matizada ayuda a identificar los retos y a adaptar las estrategias de intervención específicas.

Desarrollar un plan de intervención personalizado

Tras identificar los retos, empodérese para desarrollar un plan de intervención a medida. Aborde cada reto identificado individualmente, centrándose en los desencadenantes y las causas subyacentes. Haga hincapié en las intervenciones graduales para evitar abrumar al LGD, garantizando la coherencia en el refuerzo de los comportamientos positivos. Este enfoque personalizado reconoce la singularidad de cada perro y situación.

Bienestar holístico

Reconozca la importancia del bienestar holístico para los LGD. Considere la estimulación mental como un componente vital, incluyendo actividades que comprometan su inteligencia y sus instintos. Cree un entorno que fomente la realización emocional, asegurando un

LGD contento y equilibrado. El bienestar holístico contribuye a una protección adecuada y a la calidad de vida general del LGD.

Seguimiento continuo

Destaque la naturaleza dinámica de los comportamientos del LGD y la necesidad de una supervisión continua. Fomente la evaluación continua para hacer un seguimiento de la eficacia de las intervenciones y tomar nota de cualquier patrón de comportamiento en evolución. Destaque la importancia de la adaptabilidad de las estrategias, ya que los comportamientos de la LGD pueden evolucionar, lo que requerirá ajustes en el plan de intervención. Este enfoque cíclico garantiza una eficacia sostenida y un tutor receptivo.

Problemas de comportamiento comunes

- **Agresión hacia los humanos**

Instintos territoriales

Los perros guardianes de ganado (LGD) muestran un fuerte instinto territorial arraigado en su historia evolutiva como protectores. Este comportamiento se manifiesta como agresividad hacia los humanos percibidos como intrusos en su territorio designado. Este instinto es vital para su naturaleza protectora, pero requiere un manejo cuidadoso para garantizar unos límites adecuados.

Miedo o ansiedad

La agresividad derivada del miedo o la ansiedad es un aspecto complejo del comportamiento de los LGD. A menudo se remonta a una socialización insuficiente durante las etapas críticas del desarrollo. Los LGD no expuestos a diversos entornos, personas y estímulos pueden percibir a los humanos como amenazas, desencadenando una agresión defensiva. Comprender estas respuestas basadas en el miedo es crucial para abordar la causa raíz.

Proteger los recursos

La protección de los recursos, incluida la agresión para proteger recursos valiosos, está arraigada en los LGD. Esto puede extenderse a la comida, el refugio y las zonas favorecidas dentro de su territorio. Reconocer y gestionar la agresión basada en los recursos implica crear un entorno que minimice la competencia y el estrés y desarrolle una coexistencia armoniosa entre el LGD y los humanos.

- **Agresión hacia el ganado**
Socialización deficiente

Una socialización inadecuada durante las etapas formativas de la vida de un LGD puede provocar agresividad hacia el ganado. Sin exposición a diversos animales durante su desarrollo temprano, los LGD pueden ver al ganado como algo desconocido y potencialmente amenazador. Abordar la socialización deficiente implica introducciones graduales y refuerzos positivos para generar confianza.

Estrés o miedo

Los cambios en el entorno, los procedimientos de manejo o los acontecimientos inesperados pueden inducir estrés o miedo en los LGD, provocando agresiones hacia el ganado. Comprender los factores desencadenantes y las fuentes de estrés es esencial para desarrollar estrategias que alivien la ansiedad, creando un entorno en el que el LGD se sienta seguro en su papel de guardián.

Instintos maternales

Las hembras LGD pueden mostrar agresividad protectora, especialmente durante las épocas de cría o cuando salvaguardan a sus crías. Este instinto maternal es un comportamiento natural arraigado en garantizar la seguridad y el bienestar de la manada. Gestionar la agresividad relacionada con el instinto maternal implica proporcionar un entorno de apoyo para que la LGD pueda cumplir su función protectora sin comprometer la seguridad.

- **Comportamiento de ladrido**
Defensa territorial

El ladrido excesivo es una herramienta de defensa territorial, un aspecto fundamental del papel de un LGD. Comprender que el ladrido es una forma de comunicación para establecer y defender el territorio es crucial. Las intervenciones eficaces permiten al LGD cumplir con sus deberes protectores y minimizar el ruido excesivo en entornos residenciales o compartidos.

Falta de estimulación

El aburrimiento es un desencadenante común de los ladridos excesivos en los LGD. Estos perros inteligentes y activos requieren estimulación mental y física. La puesta en práctica de actividades de enriquecimiento, juegos interactivos y estímulos variados puede aliviar el aburrimiento, abordar la causa fundamental de los ladridos excesivos y promover un LGD más contento.

Comunicación

El ladrido es un medio natural de comunicación para los LGD. El aumento de los ladridos puede significar una mayor conciencia de las amenazas percibidas o una necesidad de comunicarse con los humanos o con otros animales. Descifrar los matices de sus señales de comunicación permite a los propietarios responder adecuadamente, fomentando un entendimiento más profundo entre los humanos y los LGD.

- **Apatía por los depredadores**

Falta de adiestramiento

La apatía hacia los depredadores potenciales puede deberse a un adiestramiento insuficiente. Los LGD necesitan ser adiestrados para reconocer y responder a amenazas específicas. La aplicación de técnicas de adiestramiento coherentes y de refuerzo positivo mejora su capacidad para discernir entre amigo y enemigo, garantizando un control eficaz de los depredadores.

Problemas de salud

El malestar físico o los problemas de salud pueden comprometer la capacidad de un LGD para desempeñar eficazmente sus funciones de guardián. La apatía puede ser un síntoma de un problema de salud subyacente. Las revisiones veterinarias regulares, la pronta solución de los problemas de salud y el ajuste de las responsabilidades del LGD durante la enfermedad contribuyen al bienestar general.

Familiaridad excesiva con el ganado

Los LGD criados junto al ganado desde una edad temprana pueden volverse menos sensibles a las amenazas potenciales, especialmente si perciben al ganado como parte de su grupo social. La sobre familiaridad implica equilibrar el compañerismo con una postura vigilante frente a los depredadores potenciales, preservando los instintos protectores del LGD.

- **Comportamiento errante**

Falta de límites

El comportamiento errante suele ser consecuencia de un vallado inadecuado o de unos límites territoriales poco claros. Establecer límites claros mediante un vallado seguro es crucial. La creación de un territorio definido ayuda al LGD a comprender sus límites, reduciendo la probabilidad de vagabundeo y fomentando un control territorial eficaz.

Influencias hormonales

Los LGD no castrados o no esterilizados pueden vagabundear en busca de pareja durante las épocas de cría. Abordar las influencias hormonales mediante la esterilización/castración es una medida proactiva para mitigar el comportamiento errante, asegurando que el LGD permanezca centrado en sus responsabilidades protectoras.

Problemas de socialización

Los perros que carecen de una socialización adecuada pueden vagabundear en busca de compañía o estímulos. Introducir experiencias positivas de socialización y asegurarse de que el LGD tiene una interacción adecuada con humanos y otros animales ayuda a abordar los problemas de socialización, reduciendo la motivación para vagabundear en busca de satisfacción social.

- **Comportamiento temeroso**

Falta de socialización

El comportamiento temeroso o tímido suele deberse a una exposición insuficiente a diversos entornos, personas y estímulos durante el período crítico de socialización en los primeros años de vida del perro. La exposición gradual a experiencias positivas y a un entorno de apoyo ayuda a desarrollar la confianza y a abordar la causa fundamental de los comportamientos basados en el miedo.

Experiencias traumáticas

Los encuentros negativos en el pasado, los malos tratos o las experiencias traumáticas pueden provocar un miedo persistente y un comportamiento tímido. La rehabilitación implica reconstruir la confianza a través de interacciones pacientes y positivas. La creación de un entorno seguro y predecible favorece el bienestar emocional de los LGD que se recuperan de experiencias traumáticas.

Predisposición genética

Algunos LGD pueden tener una predisposición genética a la timidez. Aunque los factores genéticos desempeñan un papel, la socialización proactiva y el refuerzo positivo pueden ayudar a mitigar las tendencias inherentes. Comprender la interacción entre la genética y los factores ambientales es esencial para adaptar las intervenciones conductuales.

Ansiedad o estrés

Los cambios en el entorno, la rutina o la introducción de nuevos elementos pueden inducir ansiedad o estrés, provocando un aumento del comportamiento de marcaje. Abordar la causa raíz implica identificar los factores desencadenantes del estrés y aplicar medidas para crear un entorno estable y seguro, que promueva el bienestar emocional.

Influencias hormonales

Los machos intactos pueden presentar un comportamiento de marcaje más frecuente, especialmente durante las épocas de cría, influidos por los cambios hormonales en las actividades reproductivas. La esterilización/castración puede mitigar las influencias hormonales, proporcionando un patrón de comportamiento más consistente y controlable.

Comprender estos problemas de comportamiento comunes y sus matizadas causas profundas es fundamental para aplicar estrategias de intervención eficaces. Adaptar las soluciones para abordar los problemas específicos subyacentes contribuye a la modificación del comportamiento y al bienestar general y la eficacia de los perros guardianes de ganado en sus funciones protectoras.

Técnicas de modificación del comportamiento

El inicio de la modificación del comportamiento comienza con una evaluación exhaustiva. Observe los comportamientos específicos que causan preocupación, identificando los factores desencadenantes, los contextos y los patrones. Documentar estas observaciones proporciona una línea de base para abordar los desafíos.

Entrenamiento con refuerzo positivo

Utilice el refuerzo positivo para fomentar los comportamientos deseados. Recompense al LGD por mostrar respuestas adecuadas a estímulos o situaciones. La coherencia a la hora de recompensar los comportamientos positivos fomenta una comprensión más profunda de las expectativas.

Desensibilización

Exponga gradualmente al LGD a los estímulos que desencadenan comportamientos no deseados - empareje la exposición con experiencias positivas o recompensas para crear asociaciones positivas. Aumente lentamente la intensidad o la proximidad a medida que el LGD se sienta más cómodo, reduciendo así las reacciones adversas.

Establezca una comunicación clara

Las señales verbales y visuales coherentes son esenciales para una comunicación eficaz. Refuerce las órdenes de forma constante, asegurándose de que el LGD las entiende y responde de forma fiable. Una comunicación clara mejora el vínculo entre el propietario y el LGD.

Socialización controlada

La exposición gradual a nuevas personas, animales y entornos ayuda a desarrollar la confianza y a reducir el miedo. Facilite las interacciones positivas durante la socialización para crear asociaciones positivas. Supervise las reacciones y ajuste el ritmo de socialización en función del nivel de comodidad del LGD.

Enriquecimiento ambiental

Proporcione estimulación mental y física mediante juguetes, rompecabezas y actividades interactivas. Rote los juguetes con regularidad para mantener la novedad y evitar el aburrimiento. Realice actividades que simulen los instintos del LGD, como el trabajo con olores o la resolución de rompecabezas.

Límites coherentes

Defina claramente y refuerce los límites territoriales. Utilice vallas y señales visuales para ayudar al LGD a comprender sus límites. Recompense el cumplimiento de los límites con un refuerzo positivo, reforzando la sensación de seguridad.

Abordar los comportamientos basados en el miedo

Identifique y evite los desencadenantes que inducen miedo. La exposición gradual a los estímulos que inducen miedo y la tranquilización y recompensas por un comportamiento calmado reducen los comportamientos basados en el miedo. Un entorno de apoyo es crucial para abordar el miedo.

Orientación profesional

Buscar ayuda de adiestradores o conductistas experimentados para retos específicos es valioso. Los profesionales pueden proporcionar estrategias a medida basadas en las necesidades del LGD, garantizando un enfoque completo e informado de la modificación del comportamiento.

Análisis del comportamiento

Realice un análisis detallado del comportamiento del LGD, teniendo en cuenta experiencias pasadas, traumas o cambios ambientales. Comprender la causa raíz facilita las intervenciones específicas.

Uso de elementos disuasorios

Introduzca elementos disuasorios para los comportamientos indeseables, como el ladrido excesivo. Los dispositivos que emiten sonidos o vibraciones pueden desalentar comportamientos sin causar daño.

Juegos de adiestramiento interactivos

Incorpore juegos de adiestramiento interactivos para estimular mentalmente al LGD. Los juguetes rompecabezas o los juegos que requieren la resolución de problemas estimulan sus capacidades cognitivas.

Variedad de órdenes

Introduzca una variedad de órdenes para mantener interesantes las sesiones de adiestramiento. Esto evita la monotonía y garantiza que el LGD permanezca atento y receptivo.

Tiempo de juego programado

Designe periodos específicos para el tiempo de juego y la interacción. El juego estructurado ayuda a liberar el exceso de energía y refuerza el comportamiento positivo.

Técnicas tranquilizadoras

Aprenda y ponga en práctica técnicas tranquilizadoras, como un masaje o caricias suaves, para calmar al LGD durante situaciones estresantes.

Medidas preventivas

Comience la socialización durante el período crítico de desarrollo. Presente al LGD a diversos entornos, personas y animales para evitar que se desarrollen comportamientos basados en el miedo.

Evaluaciones del entorno

Evalúe regularmente el entorno vital del LGD para detectar posibles factores de estrés o cambios. Reducir al mínimo los factores estresantes del entorno contribuye a un comportamiento estable.

Eventos de socialización supervisados

Organice eventos de socialización supervisados con otros perros o animales. Las interacciones controladas proporcionan experiencias positivas y mejoran las habilidades sociales.

Exposición constante

Exponga regularmente al LGD a diversos sonidos, vistas y olores para evitar el miedo o la ansiedad asociados a la novedad.

Técnicas de manejo positivo

Aplique técnicas de manejo positivo para generar confianza. La aclimatación gradual al manejo garantiza que el LGD se sienta cómodo en diversas situaciones.

Desafíos mentales rutinarios

Cree retos mentales rutinarios, como esconder golosinas o juguetes, para estimular la capacidad de resolución de problemas y la agilidad mental del LGD.

Intensidad de adiestramiento ajustable

Modifique la intensidad del adiestramiento en función de la capacidad de respuesta y los niveles de energía del LGD. Adaptar el régimen de adiestramiento evita la fatiga y mantiene el entusiasmo.

Equipos de juego diversificados

Introduzca una variedad de equipos de juego, como obstáculos de agilidad, para mantener las actividades físicas diversas y agradables para el LGD.

Refuerzo verbal coherente

Utilice el refuerzo verbal constante a lo largo del día para reconocer el comportamiento positivo. Las señales verbales contribuyen a reforzar las órdenes establecidas.

Estimulación sensorial

Incorpore la estimulación sensorial a través de diferentes texturas, superficies y entornos. La participación de múltiples sentidos enriquece la experiencia global del LGD.

Periodos de descanso estructurados

Establezca períodos de descanso estructurados dentro de la rutina diaria. Un descanso adecuado favorece el bienestar mental y la estabilidad del comportamiento.

Horario de entrenamiento flexible

Mantenga la flexibilidad en el horario de adiestramiento para adaptarse a los niveles de energía y adaptabilidad del LGD. Un enfoque flexible garantiza que el entrenamiento siga siendo agradable.

Ejercicio regular

Proporcione amplias oportunidades para el ejercicio físico con el fin de evitar el aburrimiento y el exceso de energía. Un LGD bien ejercitado tiene menos probabilidades de incurrir en comportamientos indeseables.

Revisiones médicas

Programe revisiones veterinarias periódicas para tratar cualquier posible problema de salud. El malestar físico puede contribuir a los problemas de comportamiento, por lo que mantener una buena salud es esencial.

Consulta con profesionales

Consulte a adiestradores o conductistas experimentados para que le orienten. Los profesionales pueden ofrecer ideas y estrategias personalizadas basadas en las características únicas del LGD, garantizando un enfoque holístico de la gestión del comportamiento.

La aplicación de estas técnicas de modificación del comportamiento y medidas preventivas crea una estrategia global para fomentar un comportamiento positivo en los perros guardianes de ganado. Reconocer la individualidad de cada LGD y realizar ajustes en función de sus respuestas y progresos es esencial para el éxito de la modificación del comportamiento. Buscar orientación profesional añade una capa adicional de experiencia para abordar eficazmente los desafíos específicos.

Responsabilidad ética

Los perros guardianes de ganado (LGD) son protectores indispensables, pero su bienestar y trato humano son igualmente primordiales. La tenencia responsable de LGD conlleva un compromiso de cuidados de por vida. Reconocer las responsabilidades éticas de la propiedad de LGD garantiza un enfoque holístico y humano.

Compromiso con el bienestar de por vida

Ser propietario de un LGD es un compromiso para toda la vida. Como guardianes, los propietarios deben comprometerse a un cuidado continuo, atendiendo a la evolución de las necesidades físicas y emocionales de sus compañeros a lo largo de toda su vida.

Prácticas de cría éticas

Es esencial apoyar las prácticas de cría éticas. Esto implica priorizar la salud y el temperamento por encima del beneficio y evitar ser condescendiente con los criadores que comprometen el bienestar de sus perros.

Condiciones de vida adecuadas

Proporcionar unas condiciones de vida adecuadas es fundamental. Los LGD merecen un refugio, una cama cómoda y un espacio designado que satisfaga sus necesidades, fomentando una sensación de seguridad.

Nutrición equilibrada

Dé prioridad a una dieta equilibrada y nutritiva. Colabore con los veterinarios para determinar la dieta óptima en función de su edad, tamaño y nivel de actividad, garantizando así su salud general.

Atención veterinaria regular

Las revisiones veterinarias programadas no son negociables. Las visitas regulares permiten una atención preventiva y una intervención precoz, salvaguardando la salud y el bienestar del LGD.

Estimulación mental

Reconozca su inteligencia y su naturaleza trabajadora. Proporcione estimulación mental mediante actividades, juguetes e interacciones, evitando el aburrimiento y fomentando el bienestar mental.

Socialización y refuerzo positivo

Dé prioridad al refuerzo positivo y a las técnicas de adiestramiento suaves. Los esfuerzos continuos de socialización contribuyen a un LGD bien adaptado y seguro de sí mismo, mejorando su bienestar general.

Prevención de la crueldad y el abandono

Mantenga una política de tolerancia cero frente a la crueldad y el abandono. Los propietarios de LGD deben informar activamente de los signos de maltrato o negligencia dentro de la comunidad para proteger el bienestar de todos los perros.

Respeto de los comportamientos naturales

Reconozca y respete los comportamientos naturales del perro. Evite medidas punitivas que puedan comprometer su bienestar, fomentando una relación armoniosa y ética entre propietario y perro.

Adaptación a las necesidades individuales

Reconozca que cada LGD es un individuo con necesidades únicas. Adapte los cuidados y las estrategias de adiestramiento a sus distintas personalidades, garantizando un enfoque personalizado de su bienestar.

Consideración de la jubilación

Planifique la jubilación del LGD. Garantice una transición cómoda y tranquila a medida que envejecen, reconociendo sus contribuciones y atendiendo a sus necesidades cambiantes.

Integración en la vida familiar

Integrar a las LGD más allá de sus obligaciones laborales en la vida familiar. Fomentar un vínculo basado en el compañerismo y el respeto mutuo mejora su bienestar general.

Decisiones humanas al final de la vida

Afronte las decisiones sobre el final de la vida con compasión. Tome decisiones priorizando la comodidad del LGD, minimizando el sufrimiento durante sus etapas finales y garantizando una despedida digna.

La propiedad ética de LGD abarca un profundo compromiso con el bienestar, la salud y la felicidad de estos extraordinarios animales. Los propietarios responsables son fundamentales a la hora de establecer normas éticas dentro de la comunidad de LGD en general.

Capítulo 7: Las llamas como guardianas

Si alguien le dijera que una llama vigila a sus ovejas, podría pensar que se trata de un chiste seco y absurdo de padre. No hay necesidad de forzar una risita porque probablemente lo dicen en serio, pero puede esperar al remate si lo desea. No se deje engañar por el atractivo mono y torpe de la llama porque estos animales son unos guardianes brillantes. No son lo que usted suele creer que es un animal guardián porque son herbívoros, no depredadores. Sin embargo, las llamas son criaturas poderosas y territoriales que forman profundos vínculos con el ganado que protegen. Además, como las llamas no son depredadoras, no tiene que preocuparse de que mutilen a su ganado como los gatos o los perros.

Las llamas pueden pastar junto a muchas especies, aumentando el tiempo que pasan bajo su atenta mirada. En las condiciones adecuadas, las llamas son las cuidadoras perfectas. Las llamas no son excesivamente caras y son relativamente fáciles de mantener. Teniendo en cuenta su eficacia como guardianas contra numerosas especies depredadoras, sus bolsillos le sonreirán. Su voluminoso cuerpo de 400 libras, cubierto de pelo, que se eleva sobre el resto de sus animales, es como un puesto de batalla andante dispuesto a morder, patear y pisotear a cualquier intruso que se cruce en su camino. Esta perseguidora de zorros hará que los indeseados merodeadores corran hacia las colinas a toda velocidad para evitar su ferocidad.

Las llamas pueden ser guardianas[19]

Por lo general, las llamas son tranquilas y adiestrables, por lo que puede tenerlas cerca de los niños si tiene cuidado, está alerta e informado. Pueden desarrollar mal genio si se las maltrata, por lo que debe cuidarlas éticamente por su seguridad y su bienestar. Las llamas, sobre todo cuando son jóvenes, son susceptibles de contraer muchas enfermedades, por lo que debe asegurarse de tomar las precauciones médicas adecuadas permaneciendo atento a los signos de infección. Su peludo compañero puede mantenerle entretenido durante horas con su buen aspecto y su afecto como animal de carga mientras permanecen de servicio, manteniendo vigilado su ganado. Así que, dé una oportunidad a estas monadas con sus cortes de pelo a la moda porque su competencia como guardián puede sorprenderle.

Características físicas y de comportamiento

Ver una llama en una foto y ver una en la vida real son dos experiencias diferentes. El cuerpo de una llama mide alrededor de un metro y medio de altura, pero su largo cuello las lleva hasta los dos metros. Pueden pesar entre 250 y 450 libras, pero por lo general, como ocurre con muchas otras especies de mamíferos, las hembras son más pequeñas. Por eso la gente opta por machos esterilizados, porque son más grandes y menos agresivos que un gigante lleno de testosterona.

Las llamas son brillantes guardianas del ganado porque son agresivas por naturaleza con los zorros, los coyotes y los perros, enemigos habituales de las aves de corral, las ovejas y las cabras. El hecho de tener los ojos a los lados de la cabeza les proporciona una visión de 360º que les permite detectar a un depredador que se acerca desde lejos. Prosperan en entornos de gran altitud gracias a los niveles de hemoglobina de su sangre y pueden correr hasta 65 km/h, por lo que no les ganará en una carrera a pie. Las enfermedades que desarrollan suelen tener su origen en la nutrición, ya que poseen un sistema inmunológico fuerte para combatir muchos patógenos contagiosos. Por lo tanto, lo que les dé de comer es crucial para sacar el máximo partido a sus llamas.

Las llamas son conocidas por escupir, pero rara vez apuntan a las personas. Este comportamiento suele producirse como competición por el establecimiento de la dominancia entre machos que intentan ser el alfa o cuando están irritados. Las llamas no intentan escapar de sus recintos; comen lo mismo que las ovejas o las cabras. También prefieren los refugios estructurados, como los de las ovejas. Las llamas se utilizan en las montañas de Sudamérica porque pueden transportar mucho peso por colinas empinadas. Sus patas acolchadas tienen dos dedos que no causan tanto daño como las pezuñas de los caballos o los burros.

Viven entre 15 y 20 años, por lo que puede confiar en que estarán cerca y activos durante mucho tiempo. No tiene que preocuparse de sustituirlas constantemente ni de criarlas. A pesar de su aspecto bobalicón, las llamas son atléticas y pueden perseguir fácilmente a un depredador cuando lo necesitan. Tienen unas orejas largas y puntiagudas que utilizan para escuchar atentamente los ligeros cambios de su entorno, así como para comunicar sus emociones o temperamento.

Las llamas tienen un pelaje resistente que las protege contra heridas y ataques de depredadores más pequeños. Aunque su aspecto es similar al de las alpacas, no son tan mansas y además son más grandes. Los granjeros de Sudamérica suelen mantener algunas llamas en su rebaño de alpacas para combatir a los huéspedes no bienvenidos. Se enfadan más rápido que las alpacas y no huyen de una confrontación. A diferencia de los perros, las llamas asumen de forma natural el papel de guardián. A los perros hay que adiestrarlos para que no ataquen al rebaño, pero las llamas simplemente se ponen en fila sin ninguna instrucción. Cuando nacen los corderos, notará que su llama asumirá el papel de niñera sin que nadie se lo pida. Son animales de rebaño, por lo que se esperan estos comportamientos colectivos.

No hay muchos animales tan singularmente adecuados para el papel de guardián como las llamas. Su estructura física, unida a su mentalidad, las convierte en superdotadas como guardianas. Tienen seis dientes afilados y angulosos que pueden hacer un daño horrible si penetran en la carne. Sus largas patas mantienen a los depredadores alejados de sus órganos vitales y pueden pisotearlos rápidamente antes de que intenten atacar. Son valientes y, en algunos casos, incluso cargarán contra animales más grandes, ahuyentándolos con pura audacia.

Papel como guardianas del ganado

Las llamas tienen dos armas principales de defensa: sus enormes cuerpos y sus chillidos estridentes. Por muy fuertes, rápidas y ágiles que sean las llamas, simplemente no pueden luchar contra todo. Sin embargo, incluso en los casos en los que ven venir una clara derrota, relincharán ruidosamente, alertando a cualquiera que esté al alcance de su oído del acuciante peligro. Su elegante juego de pies hace fácil el trabajo de zorros y coyotes, mientras que su naturaleza protectora garantiza que nadie se quede atrás.

No se puede negar la eficacia de las llamas como guardianes. La Universidad Estatal de Iowa realizó un estudio en 145 granjas de ovejas de Estados Unidos (Franklin et al., 2012). El estudio midió la eficacia de introducir llamas como animales guardianes. Hubo una diferencia significativa entre cuando llegaron las llamas y antes de que llegaran. El número de ataques a ovejas descendió del 11% al 1%, y el 50% de los ganaderos afirmaron que no habían sufrido ningún ataque (Franklin et al., 2012). Las llamas utilizaron diversas estrategias, como arrear a las ovejas lejos del peligro o cargar contra los depredadores, que incluían coyotes, perros, zorros e incluso osos.

El papel de una llama guardiana es detectar el peligro, advertir al rebaño de que se acerca una amenaza, alejar al rebaño del peligro y, si es necesario, luchar contra el depredador. Tienen una dieta similar a la de las ovejas, por lo que se alimentarán junto a sus animales. Pueden sacarse a los pastos para que pasten con su rebaño. A diferencia de los perros guardianes que no se convierten en parte del rebaño, como pastora que es, la llama se insertará en el grupo como una especie de figura paternal, protegiendo a sus hijos más débiles.

Con su visión panorámica, su potente olfato y su asombroso oído, la llama está ahí para vigilar a los depredadores. Son más eficaces contra amenazas de tamaño medio como perros, zorros y coyotes, pero no les va bien contra depredadores más grandes como osos y leones. Su estatura de dos metros también es una ventaja porque pueden ver más lejos que las ovejas y cabras que suelen proteger.

Como pasarán mucho tiempo alimentándose y en la misma zona que su ganado, establecerán una conexión natural con ellos difícil de romper. No tiene que adiestrarlos como haría con un perro, pero puede tomar algunas medidas para maximizar su eficacia. Por ejemplo, para asegurarse de que establecen un vínculo con su ganado, lo que las convierte en protectoras, debe colocarlas primero en un recinto adyacente y luego introducirlas gradualmente en su rebaño.

Los mejores animales con los que emparejar llamas son ovejas o cabras. No se llevan bien con las vacas porque los depredadores contra los que luchan no son una gran amenaza para las vacas mayores y normalmente tendrían como objetivo a los terneros. Una vaca puede proporcionar la misma protección a sus crías que una llama. Todavía pueden ayudar ahuyentando a los depredadores y actuando como alarma vigilante. Aun así, son más adecuadas para el ganado más pequeño. Las ovejas son herbívoros de estrato bajo, que se adentran en el suelo para comer lo que el ganado pueda dejar atrás, mientras que las llamas son herbívoros de estrato medio que toman la mitad superior de la hierba, así como ramoneadores que comen de árboles y arbustos, por lo que no están en competencia directa por la comida con las ovejas.

Cuidar de su llama le ayudará a convertirse en el mejor protector que pueda ser. Por ejemplo, las llamas son sensibles al calor excesivo, por lo que debe asegurarse de que haya muchas zonas de sombra para que descansen y de que dispongan de agua para refrescarse. Debe recortarles los dedos de los pies para que no se les pudran las pezuñas, y requieren esquilas regulares, que también ayudan a controlar el calor. Las llamas son susceptibles a muchos parásitos, por lo que debe tomar las precauciones necesarias para evitar infecciones. También necesitan vacunas anuales contra la enfermedad clostridial, suministradas como una dosis cinco en uno. El gusano meníngeo es mortal para las llamas, por lo que debe desparasitarlas con regularidad. Este parásito se encuentra en los ciervos, por lo que si tiene una gran población de ciervos en su zona, las llamas pueden ser la elección equivocada, a menos que tome precauciones para mantenerlos alejados.

Pros y contras del uso de llamas como guardianes

El análisis del entorno es la primera etapa para determinar si las llamas son los animales guardianes para usted. Debe pensar qué tipo de animales tiene y cómo funcionaría la llama dentro de ese entorno. Una región elevada y montañosa es una baza a favor de la llama porque sobreviven bien en altitudes elevadas. Las llamas se encariñan con los animales que protegen porque les mueve un impulso natural. Sin embargo, lo que consideran peligroso puede afectar a lo apropiadas que sean para los servicios que usted necesita. Por ejemplo, las llamas ahuyentarán a los zorros y coyotes, pero ignorarán a los mapaches, mofetas y comadrejas, mucho más pequeños, lo que es terrible si usted cría gallinas. Por lo tanto, uno de los principales inconvenientes de tener una llama como guardián es que no se llevan bien con todo tipo de ganado. Los perros pueden comerse a las gallinas, pero puede adiestrarlos para que las dejen en paz y las proyecten, mientras que una llama se limitará a ignorar las amenazas a las gallinas sin darse cuenta de que está poniendo en peligro al rebaño.

Una gran ventaja de tener llamas en su granja es que se adaptan a multitud de climas. Estos resistentes animales no se hieren con facilidad y no sucumben a los cambios climáticos. Esta resistencia al clima, unida a su longevidad, significa que la hermosa bestia estará en servicio durante muchos años. Las llamas más jóvenes no son adecuadas como animales de guarda, por lo que debe conseguir una que tenga al menos más de dos años. Preferiblemente, debe ser un macho que esté castrado. Las llamas funcionan mejor como guardianes cuando están solas, pero dependiendo del tamaño de su rebaño, puede que necesite más de una.

Las llamas son una opción ética para el control de predadores. Quizá se pregunte qué sentido tiene esto, ya que las llamas matarán zorros, perros y coyotes sin dudarlo. Sin embargo, la presencia de una llama suele bastar para mantener a la fauna alejada de sus animales, lo que significa que matará muchos menos zorros que si hubiera utilizado medidas menos éticas como el veneno. Además, el veneno puede dañar inadvertidamente a criaturas que usted no desea dañar, y algunos zorros se han vuelto tan listos que evitan los cebos envenenados. Además, el veneno puede deteriorar el suelo, lo que, con el tiempo, afectará a la vida vegetal autóctona de su granja, desequilibrando el delicado equilibrio del ecosistema natural.

La similitud de la dieta de la llama con la de una oveja o una cabra significa que puede introducirlas sin problemas en su rebaño sin mucho mantenimiento en lo que se refiere a consideraciones nutricionales. Sin embargo, debe asegurarse de que tengan suficiente cobre, zinc y vitamina D en su dieta si no quiere que desarrollen enfermedades relacionadas con la desnutrición. Las llamas no contraen fácilmente infecciones contagiosas, por lo que alimentarlas adecuadamente es la mitad de la batalla. Además, siempre deben tener acceso a un amplio suministro de agua para evitar obstrucciones o infecciones urinarias.

Restricciones legales y normativas

Las llamas, al igual que los perros, son uno de los animales domesticados más antiguos. En Sudamérica, hay quien afirma que existen pruebas de que estos magníficos animales han convivido con los humanos durante más de 4.000 años. Por eso las llamas se consideran animales domesticados, como las ovejas y las vacas, en su mayor parte. Sin embargo, es importante tener en cuenta lo que es legal en su región. Según el país o estado en el que viva se aplican leyes y normas éticas diferentes. Familiarizarse con estas normas reguladoras le asegurará mantener a raya a las autoridades y no tener que pagar multas, perder a sus animales o incluso pasar un tiempo en prisión.

A veces, las leyes y normativas que se le imponen cuando tiene animales pueden parecerle demasiadas. Sin embargo, es esencial recordar que los organismos que crean y hacen cumplir las normas están ahí para protegerle a usted y a sus animales. Contar con normativas estandarizadas garantiza que los animales recibirán los cuidados adecuados al tiempo que se protege a los humanos de una serie de peligros, como las enfermedades zoonóticas. Las normas éticas de las personas difieren en función de su moral, sus valores, su educación y su cultura. Por lo tanto, la gente traza la línea de lo que es apropiado, seguro y cruel en diferentes puntos. Los individuos no pueden funcionar con sus propias percepciones y base de conocimientos porque podría conducir a prácticas peligrosas y al maltrato animal. Por ello, los organismos gubernamentales existen para que las normas y reglamentos sean claros para todos.

Las normas se basan en la bioseguridad y la ética. Estas normas cambiarán según el lugar en el que se encuentre. Por ejemplo, en Australia Occidental, debe registrar a sus animales y clasificar si los utiliza con fines comerciales. En Nueva Zelanda, las preocupaciones éticas recogidas en su normativa exigen que proporcione a sus llamas un suministro constante de agua y que disponga de un sistema de alimentación que reduzca los residuos. Además, debe asegurarse de que sus llamas no tienen acceso a materiales que puedan ingerir por error y que les causarían daño, como cables sueltos, papel de construcción, accesorios eléctricos o fragmentos de plástico. En el Reino Unido, necesitará un número CPH y una marca HERD, y también tendrá que registrarse en la Sociedad Británica de Llamas si quiere tener estos animales legalmente. En Australia necesitará un registro NLIS, el Sistema Nacional de Identificación del Ganado.

También tendrá que considerar el uso que hará de las llamas en un sentido más amplio, ya que en algunos lugares no se permiten los animales con los que mejor funcionan las llamas, como en Arizona, donde no se permite la cría de ovejas. En Estados Unidos, las normativas de los distintos estados varían mucho, por lo que debe actuar con la debida diligencia y llevar a cabo una investigación exhaustiva para asegurarse de que actúa dentro de las barreras de la ley. En Colorado y Georgia, puede tener llamas y animales de compañía. En Idaho, las barreras para tener llamas son mínimas porque no necesita ningún permiso para animales domésticos. Por lo tanto, revise lo que puede hacer en su región para determinar si las llamas como animales de guarda son la mejor opción para usted en el contexto legal en el que se encuentra.

Pastoreo de especie múltiple y cuándo debe aplicarse

El pastoreo multi especie se produce cuando usted mantiene dos o más animales diferentes en el mismo pasto. No tienen que estar pastando necesariamente al mismo tiempo, pero si comparten la tierra en intervalos cortos, sigue contando como pastoreo multi específico. Utilizar el pastoreo multi especie puede ser bueno para el medio ambiente porque los diferentes hábitos de las distintas especies contribuyen a la biodiversidad de la zona. Lo más probable es que empareje llamas con ovejas o cabras porque comparten dieta y se protegen mutuamente de sus enemigos naturales comunes.

La susceptibilidad de las llamas a los parásitos le obliga a utilizar el pastoreo rotativo. El ciclo de vida de los parásitos, desde los huevos hasta que crecen completamente, se prolonga durante cierto tiempo. El pastoreo rotativo consiste en llevar a sus animales a diferentes pastos en distintas épocas del año para que su tierra tenga tiempo de recuperarse y usted pueda evitar las partes peligrosas del ciclo vital de los parásitos. Las distintas regiones tienen parásitos diferentes, por lo que debe investigar los parásitos comunes en su zona y el mejor calendario de rotación que puede utilizar para que sus ovejas, cabras o llamas no enfermen.

Los caballos y las vacas comparten parásitos, mientras que las ovejas y las cabras comparten parásitos. Por lo tanto, cuando aplique el pastoreo multi especie, debe emparejar ovejas con vacas y cabras con caballos. En el caso de las llamas, este tipo de gestión de los parásitos no es posible porque son animales guardianes. Debe vigilarlos para ver si están débiles o fatigados porque podría ser un signo de infección parasitaria. Si siente que sus animales están enfermos, asegúrese de llamar al veterinario inmediatamente porque si espera demasiado, podría acabar siendo fatal.

Como guardianas protectoras, las llamas se llevan bien con las ovejas. También puede utilizarlas para las gallinas, pero no serán tan eficaces. Son incluso menos útiles para las vacas porque una de sus mayores ventajas es su tamaño, y las vacas son más grandes que las llamas. Además, serían incapaces de luchar contra los animales que se dirigen a las vacas. Introducir llamas en un sistema complejo de múltiples animales recrea las condiciones del mundo natural, y es estupendo para su vida vegetal y la biodiversidad del ecosistema que habita. El uso de llamas obliga al pastoreo multi específico porque solo son eficaces si pasan mucho tiempo con el rebaño que vigilan. Por lo tanto, además de ser uno de los animales guardianes más cautivadores, las llamas son una opción ecológica.

Capítulo 8: Cómo adiestrar a su llama

Ahora que entiende cómo funcionan las llamas como guardianes del ganado, necesita algunos detalles más sobre cómo adiestrarlas para que pueda maximizar su eficacia. Las llamas están hechas para el papel de guardianas, pero unos pocos pasos en falso pueden disminuir radicalmente su funcionalidad. Por lo tanto, debe estar informado sobre cómo tratar exactamente a su llama para que pueda integrarse sin problemas en su rebaño y en las rutinas diarias de su granja o granja familiar.

Las llamas pueden ser amables, pero también tienen una terrible vena malvada. Gran parte de su adiestramiento se centrará en controlar sus tendencias agresivas y sus cambios de humor. Las llamas escupen, muerden y patean cuando están enfadadas, lo que le pone en peligro a usted, a otras personas de su granja y a sus animales. Instaurar los protocolos y las intervenciones correctas puede garantizar que su llama permanezca tranquila y que todos los demás seres vivos de su propiedad estén a salvo, salvo los depredadores.

Las llamas requieren mucho entrenamiento[20]

Desde elegir la llama adecuada, teniendo en cuenta factores como el tamaño, la edad, el sexo, el temperamento y la personalidad, hasta encontrar la forma de introducir a su animal en su rebaño, se cubren todos los pasos del adiestramiento de una llama. Estos consejos prácticos le proporcionarán los conocimientos necesarios para ser un experto adiestrador de llamas guardianas y sacar el máximo partido de su animal. El rendimiento de su llama depende exclusivamente del trabajo que dedique a su adiestramiento. Puede parecer intimidante al principio, pero comprendiendo unos pocos principios básicos, puede ponerse en la vía rápida para convertirse en un profesional.

Conseguir que su llama esté en la misma página que usted requiere respeto y comprensión mutuos. Profundizará en la psicología de su llama para erigirse en el líder de su rebaño. Además, potenciará al máximo sus cualidades protectoras y territoriales para que pueda servirle bien como guardiana. Las llamas ya son guardianes naturales, por lo que no hace falta mucho para que estén en plena forma para desempeñar a la perfección sus funciones. Solo tiene que guiar a su llama en la dirección correcta hacia su destino como animal guardián de élite que mantendrá a su ganado a salvo de muchos tipos de depredadores como zorros, perros y coyotes.

Cómo elegir una llama

Elegir la llama adecuada es el principio del adiestramiento. El temperamento, el tamaño y la personalidad adecuados descartarán a las candidatas inadecuadas. Si usted fuera entrenador de baloncesto, elegiría a las personas más altas, fuertes, rápidas y atléticas para formar parte de su equipo si todas ellas no tuvieran experiencia previa en baloncesto. También pondría a prueba su coordinación mano-ojo y sus reflejos. Del mismo modo, deberá elegir la llama que mejor se adapte a su papel de guardiana. Este proceso de selección de la llama determinará el nivel de dificultad que experimentará cuando entrene a su llama para el papel de guardiana.

La edad de una llama es muy importante a la hora de hacer su selección inicial. Lo ideal es un macho de entre 18 meses y dos años. Una vez que haya encontrado un macho de la edad adecuada, observe cómo se comporta. La llama debe estar acostumbrada a que la manipulen las personas porque tendrá que recortarle los dedos de los pies, transportarla, así como esquilarla. Pida al criador que pasee a la llama y, si es posible, lleve un perro para ver cómo reacciona ante él. Las llamas odian instintivamente a los perros, pero algunas que han crecido rodeadas de perros domesticados no los verán como un enemigo, solo como un blanco para los invasores desconocidos.

Muchas llamas se tienen como mascotas. Esto significa que la llama que desea comprar puede haberse criado sola y a biberón. Este tipo de llamas son terribles como guardianas porque se vinculan más con los humanos que con otros animales. Los comportamientos de manada de las llamas, que las convierten en tan brillantes guardianas, se aprenden en los primeros meses de pasar tiempo con su madre. Por lo tanto, su llama debe estar en la teta de su madre al menos seis meses antes de comprarla. Las llamas afinan sus instintos protectores pasando tiempo con otras llamas o animales del rebaño. Una gran señal de que una llama no está apegada a las personas es si muestra una curiosidad mínima al verle y actúa de forma distante.

El macho que elija debe estar castrado. Es más seguro trabajar con machos castrados porque no le desafiarán como líder. Además, no intentarán montar a sus otros animales, lo que podría causarles lesiones. La llama debe ser castrada antes de ser criada porque hacerlo después no elimina la amenaza para usted y sus animales. Los machos llenos de testosterona que no han sido castrados pueden convertirse en un gran problema por su temperamento impredecible.

Observe cómo se mueve e interactúa la llama. Usted quiere una llama sensata que no sea demasiado conflictiva. Por lo tanto, la llama que elija no debe gritar ni escupir a la gente. Las llamas asertivas intentarán darle un cabezazo en el pecho o se mantendrán firmes en lugar de apartarse cuando usted se acerque a ella. Cuando una llama muestra estos comportamientos testarudos, es mejor seguir buscando. Más señales de que está tratando con un alfa que desafiará su posición es si la llama protege agresivamente su comida y se niega a que la gente limpie su estiércol.

Es aconsejable recurrir a un criador reputado porque es más probable que sea honesto y le proporcione una llama fuerte y sana. Los criadores suelen tener que registrarse en varios organismos reguladores. Averigüe qué organizaciones rigen la industria en su región y busque criadores que estén alineados con ellas. Si puede encontrar un criador que se dedique estrictamente a la cría de llamas guardianas, opte por esa opción porque el dinero adicional que pague merecerá la pena. Una llama guardiana le costará entre 500 y 1.500 dólares.

Si hay otros animales en la propiedad del criador, observe atentamente cómo interactúa la llama con ellos. Una llama guardiana debe mostrarse alerta y curiosa ante los cambios en su entorno. Debe ser amable con los animales que la rodean. Si tiene perros de compañía, asegúrese de que se sienten cómodos a su alrededor porque los perros son enemigos naturales. Observe si la llama intenta romper la valla o traspasarla porque no necesita un animal propenso a escaparse. Compruebe si la llama es protectora con los miembros jóvenes del rebaño. Una llama guardiana se incrustará en medio del rebaño o caminará hacia un terreno más elevado para ver mejor, por lo que cualquiera de estos comportamientos es una gran señal para un candidato idóneo.

Principios fundamentales del adiestramiento de llamas

El adiestramiento de llamas guardianas no es extenso porque usted está aprovechando sus patrones naturales de comportamiento para satisfacer sus necesidades. Al igual que las personas, las llamas son individuos. Lo que funciona para una llama puede no tener el mismo impacto en la siguiente. Pasar tiempo con sus animales le permite conocerlos.

Aprenderá qué le gusta a su llama, cómo responde a diferentes órdenes y qué le causa incomodidad o estrés. Las llamas son animales de presa, por lo que pueden ser nerviosas y asustarse con facilidad. Sea delicado y muévase deliberadamente para no asustar a su animal. Saque a pasear a su llama para que se familiarice con la propiedad y se sienta cómoda con usted como su cuidador.

Las llamas aprenden rápido, lo que puede ser un don y una maldición. Debe tener cuidado con las acciones que realiza al adiestrar a su llama. Será muy difícil deshacer el impacto si crea inadvertidamente una connotación negativa hacia algo, ya sea un objeto o un animal. Trabaje con su llama todos los días porque la repetición arraigará el comportamiento y aprenderá mejor la personalidad de su llama. Una vez que comprenda la individualidad de su llama, podrá adaptar su adiestramiento para que esté personalizado a aquello a lo que responda.

Paciencia y calma son los nombres del juego. Las llamas son asustadizas y pueden sobresaltarse con facilidad. No querrá asustar a su llama para que se muestre desobediente. Además, las prisas en el adiestramiento pueden hacer que pase por alto detalles clave. Por lo tanto, tómese su tiempo cada día y establezca hitos alcanzables. Su llama solo será tan buena como el adiestramiento al que esté dispuesto a dedicarle. Por suerte, las únicas áreas en las que debe centrarse son el transporte del animal, la integración de sus llamas en el rebaño y la reducción de comportamientos agresivos que puedan herir a las personas o a su ganado. Estos apartados del adiestramiento pueden abordarse fácilmente con la información adecuada y un esfuerzo mínimo.

Instrucciones paso a paso para desarrollar comportamientos protectores

1. Empareje a su llama con los animales adecuados. Las llamas guardianas se adaptan mejor a ovejas o cabras. Su ventaja de tamaño sobre los depredadores no se aplica a las vacas porque son más grandes. Además, comen una dieta similar a la de las ovejas y las cabras, lo que es importante porque para que la llama establezca un vínculo con un rebaño, debe pasar tiempo con él. Las llamas no se emparejan bien con las gallinas porque suelen ignorar a los depredadores peligrosos para las aves, como las comadrejas y las mofetas.

2. Asegúrese de que la llama establece un vínculo con su rebaño. Para establecer un vínculo o introducir a su llama en su rebaño, puede colocarla en un recinto adyacente. El periodo de vinculación dura entre unos días y un par de semanas.
3. Utilice una sola llama. El problema de utilizar varias llamas es que se volverán protectoras entre sí en lugar de crear lazos afectivos con su ganado. Una llama puede cubrir 300 acres y vigilar 300 ovejas. Si tiene demasiada tierra o demasiados animales para que una sola llama sea eficaz, debe asegurarse de que sus guardianes no se encuentren.

Técnicas de refuerzo positivo

Las llamas, como muchos otros mamíferos, están motivadas por la comida. El mejor refuerzo positivo que puede adoptar es utilizar la comida como herramienta de manipulación. Como llama guardiana, es posible que tenga que conducir a su animal a varias secciones de su granja. Por lo tanto, necesitará entrenar a su llama para que se sienta cómoda siendo conducida a diferentes lugares. Utilizar refuerzos positivos al transportar a su llama garantizará que el proceso se desarrolle sin problemas. Recompense inmediatamente a su llama con una golosina deliciosa y dulce, como manzanas o zanahorias, cuando muestre un comportamiento que a usted le guste. Esto creará una conexión positiva con el comportamiento, lo que hará que la llama siga repitiendo la acción deseada.

El refuerzo positivo funciona mejor cuando se combina con un horario regular. Alimente y acicale a su llama a la misma hora todos los días. Esta rutina refuerza los comportamientos deseados con la repetición. Así, saque a su llama al prado por la mañana y tráigala de vuelta a última hora de la tarde, dándole una golosina cuando entre y salga del recinto. De este modo, creará un refuerzo positivo de su rutina diaria. Las llamas pueden ser testarudas, por lo que conseguir que disfruten siendo transportadas le ayudará a largo plazo, ya que el animal no se resistirá a ser trasladado.

Integrar a una llama guardiana

Integrar a su llama significa acostumbrarla al entorno único de su granja. En su granja puede haber una gran variedad de animales y otras personas con los que su llama entrará en contacto. Su llama necesita acostumbrarse a todas las partes interconectadas de su tierra, incluidos otros humanos que trabajen con los animales. Por lo tanto, si hay personas que interactúan con su llama, deben pasar tiempo con ella para que la llama se familiarice bien con la persona con la que estará regularmente en contacto. Para reducir el comportamiento agresivo, la llama debe saber que usted o cualquier otra persona con la que trabaje forma parte del rebaño. Intente limitar la interacción humana porque quiere que la llama proteja a los animales y no forme vínculos poderosos con las personas; de lo contrario, acabará reconociendo a los humanos como los que necesitan protección.

Las llamas son extremadamente territoriales, ya que son animales de rebaño que suelen tener que competir por los recursos. Su naturaleza territorial puede hacer que hiera a miembros de su rebaño a patadas o mordiscos. Pueden ser especialmente violentas con otras llamas, sobre todo si ambos son machos. Solo debe tener un guardián en su propiedad a la vez para detener la violencia llama contra llama. Para evitar que la llama ataque a su rebaño, debe introducirla lentamente. Mantenga a la llama en un corral adyacente donde pueda ver e interactuar con el rebaño sin entrar en contacto directo con ellos. Su llama debe alimentarse al mismo tiempo que su rebaño para que pueda establecer la conexión de que forma parte de ellos. Comience gradualmente a permitirles interactuar. En las primeras semanas, debe vigilarlos de cerca para poder intervenir si hay algún problema.

Otra forma de evitar peleas o ataques es mantener a sus ovejas o cabras en un área grande con su llama. Los espacios confinados son caldo de cultivo para la agresividad. Si su llama dispone de suficiente espacio abierto, la probabilidad de que ataque a su rebaño disminuye considerablemente. Las llamas también tienen un fuerte sentido del olfato que guía sus acciones. Puede utilizar el olfato a su favor cuando integre a su llama. Coloque heno u otros objetos con el olor de su oveja en el corral temporal de su llama. Esto hará que su llama se acostumbre al olor del animal, lo que facilitará el proceso de integración cuando les permita empezar a pasar tiempo juntos.

Su llama necesita saber dónde tiene permiso para ir y las fronteras donde termina su territorio. Pasee a su llama a lo largo de la valla de sus pastos y recintos para su rebaño. Corrija el comportamiento negativo de intentar cruzar la valla tirando de la correa y gritando una orden de "¡No!". Introducir a la llama en su espacio es tan importante como introducirla en su rebaño. Además, como guardiana, su llama debe estar familiarizada con su entorno para que pueda detectar más fácilmente el peligro.

Las llamas y los perros son enemigos naturales, por lo que si tiene canes, debe mantenerlos separados de sus llamas o introducirlos para que estas acepten a su mascota como parte de su rebaño. Permita que su perro y su llama se encuentren bajo una cuidadosa supervisión para que usted tenga control sobre ambos animales. Corrija el comportamiento si alguno de ellos muestra signos de agresividad. Puede que tenga que repetir este proceso varias veces porque está intentando anular un miedo natural, lo que podría llevarle mucho tiempo y esfuerzo.

Soluciones prácticas para afrontar los retos más comunes durante el adiestramiento de llamas

Algunos de los principales retos que pueden surgir al adiestrar a sus llamas son el comportamiento agresivo, como desafiarle o escupirle, la angustia, que se sobresalten con facilidad y que olviden parte del adiestramiento que ya ha realizado. Todos estos factores pueden remediarse con una intervención inmediata. Las llamas, como los perros, pueden adiestrarse con una combinación de señales manuales y órdenes de voz. La mejor forma de conseguir que la llama interiorice estas órdenes es utilizar la comida como recompensa. El refuerzo positivo, al igual que las recompensas de comida, funciona a la hora de conseguir que su llama muestre un comportamiento que a usted le gusta, pero puede resultar un poco complicado cuando se quiere acabar con un comportamiento negativo.

El reto de los comportamientos agresivos de una llama empieza con el proceso de selección, cuando elige una llama según su temperamento. Sin embargo, las llamas que parecen sensatas al principio pueden volverse más agresivas debido a un cambio ambiental o a un acontecimiento traumático. A la hora de combatir acciones agresivas como escupir, gritar o darse golpes en el pecho, el principio fundamental es abordar el comportamiento inmediatamente cuando se produzca. No puede dejar pasar esta negatividad ni una sola vez porque hará creer a la llama que su forma de actuar está bien. Las llamas aprenden mediante gestos y órdenes con la mano, así que puede levantar la mano y gritar severamente "no". Otra opción que puede aplicar es empujar firmemente contra su pecho mientras grita "no". Algunas personas utilizan una pistola de agua o una botella de spray como repelente. Debe repetir su orden de "no" cada vez que su animal se muestre agresivo para recordarle constantemente que ese comportamiento es inaceptable.

A veces, no es la ira lo que provoca un comportamiento indeseable, sino la angustia. Puede sujetar suavemente a su llama para calmarla cuando se sienta conmocionada, ansiosa o estresada. Controlar las respuestas de estrés consiste en ser consciente y no asustar al animal nervioso. Recuerde que una vez que se establece una conexión negativa con un objeto, será casi imposible romperla. Por lo tanto, durante los momentos clave, como el transporte y la alimentación, debe ser extremadamente cuidadoso y evitar que su llama se sobresalte en esos momentos cruciales.

La terquedad es otro rasgo de comportamiento común entre las llamas. Todo puede ir bien en un momento y, al minuto siguiente, obtener un cero por ciento de cooperación. Este es el escenario perfecto para ejercitar la paciencia. En primer lugar, investigue qué ha ido mal. La llama puede haber visto algo que la incomodó, como un perro o un depredador. Si ha evaluado que no hay peligro percibido para la llama, puede que necesite emplear un poco de fuerza. De ningún modo eso equivale a herir a su animal de ninguna manera. Los métodos de adiestramiento que causan daño están completamente fuera de la mesa porque tratar éticamente a sus guardianes es esencial. Simplemente tire de su correa y grite la orden que haya elegido, como "¡Sí!" o "¡Vamos!". A veces, puede necesitar que su llama se mueva inmediatamente, por lo que acostumbrarla a esa orden es crucial.

Las estaciones de su granja pueden requerir la adopción de rutinas diferentes según la época del año. Es posible que su llama olvide lo que se le enseñó en la estación anterior, por lo que quizá deba volver a adiestrarla. La repetición es lo que permite a la llama interiorizar horarios y órdenes, por lo que cuando se rompe la repetición, puede perder fácilmente lo que había aprendido antes. Esta es la razón por la que adiestrar llamas requiere que usted tenga mucha paciencia. Es posible que tenga que volver a adiestrar a su animal varias veces al año, dependiendo de cómo cambien sus horarios. Prevea un periodo de adaptación cuando vaya a hacer cambios. Los cambios radicales pueden causar mucho estrés a su llama, así que asegúrese de responder en función de su estado emocional.

Las llamas son tan aptas para el puesto de animales guardianes que no requieren mucho entrenamiento. Mientras mantenga un estado físico y mental saludable para su animal, no debería haber problemas. Puede hacer algunas correcciones por comportamiento agresivo y por introducir a la llama en su rebaño, pero en su mayor parte, su llama se lanzará automáticamente a sus funciones.

Capítulo 9: Asnos de guardia

Para dejar una cosa clara, no todos los burros son como *Eeyore*. Son criaturas sociables y divertidas, aunque un poco testarudas. También son animales de guardia que pueden proteger a su ganado. Estos animales de aspecto agradable tienen una naturaleza agresiva que suele salir cuando se ven amenazados, lo que los convierte en los guardianes ideales. Una vez que su ganado vea cómo los burros les protegen de cualquier daño, gravitarán a su alrededor para sentirse seguros.

Este capítulo cubre las características únicas de los burros, su naturaleza protectora, lo que los convierte en grandes animales guardianes y las ventajas de los burros guardianes.

El burro como guardián[21]

Características únicas de los burros

Cada animal es único a su manera. La mayoría de la gente le contaría docenas de datos sobre gatos y perros, pero si les pregunta por los burros, no tendrán mucho que decir. Los burros son muy poco apreciados, pero son animales asombrosos con algunas cualidades interesantes que hacen que sea divertido criarlos.

Tienen orejas grandes por una razón

¿Se ha preguntado alguna vez por qué los burros tienen las orejas grandes? Muchos de ellos evolucionaron en condiciones secas, como en Asia y África. Sus grandes orejas expulsan el calor del interior de su cuerpo para regular su temperatura, de modo que puedan soportar el clima caluroso y mantenerse frescos durante el verano. También aumentan su capacidad auditiva para que puedan captar las llamadas de apareamiento y cuando se acerca un depredador.

Algunos burros son muy pequeños

¿Ha visto alguna vez burros diminutos? Son ridículamente monos, ¿verdad? Algunos tipos de burros son realmente pequeños. Miden alrededor de un metro y son muy comunes en Cerdeña y Sicilia. Curiosamente, el burro más bajo del mundo mide 25,29 pulgadas. Aunque muchos animales pequeños se reproducen, el pequeño tamaño del burro es natural.

Los burros son testarudos

Los burros son animales muy testarudos. A veces, plantan sus patas firmemente en el suelo y se niegan a moverse de su sitio. Aunque intente tirar de ellos, no se moverán. Comprenda que no están siendo imbéciles ni tontos, como algunas personas suponen. De hecho, son animales muy inteligentes. Si los burros se sienten amenazados o en peligro, se quedarán quietos para darse tiempo a pensar si es seguro seguir moviéndose. Son muy listos, ¿verdad? A diferencia de los caballos, que huyen cuando tienen miedo.

Son criaturas muy sociables

Rara vez verá a un burro solo en la naturaleza. Los burros son criaturas sociales a las que les gusta estar en grupo. Está en su naturaleza, ya que suelen vivir en manadas y forman amistades fuertes y duraderas con otros animales. Dos burros pueden formar un estrecho vínculo, que se denomina "vínculo de pareja". Se apegan mucho el uno al otro y sufrirían estrés, ansiedad, pérdida de apetito e incomodidad si fueran separados. Por ello, es mejor adoptar dos burros para que mantengan el ánimo y se hagan compañía.

Son criaturas peludas

Algunas razas de burros son muy peludas y tienen un aspecto muy bonito. Uno de los tipos más populares es el burro Poitou, originario de la ciudad francesa de Poitou. Estos burros tienen el pelo largo y espeso y suelen ser muy caros.

Voz única

Los burros tienen un sonido distintivo llamado "rebuzno". A diferencia de las cebras, los caballos y otros animales, los burros pueden emitir este sonido mientras respiran. Hacen el sonido "ji" al inhalar y el sonido "ja" al exhalar. Utilizan su vocalización única para comunicarse y conectar con otros burros. Suelen ser muy ruidosos, por lo que pueden llamar a otros animales a distancia.

Utilizan su vocalización única para proteger a otros animales, rebuznando con fuerza para alertarles de cualquier peligro potencial.

Más que animales de trabajo

Muchas personas tratan a los burros solo como animales de trabajo. Dependen de ellos para el transporte o para guardar su ganado debido a su resistencia, fuerza y capacidad para adaptarse a condiciones duras. Sin embargo, los burros son mucho más de lo que parece a simple vista. Son sociables, inteligentes, afectuosos, leales y pueden entablar relaciones profundas con sus dueños. Su burro se sentirá como en familia, no solo como un animal de guardia.

Se adaptan a condiciones secas

Los burros pueden sobrevivir y adaptarse fácilmente a condiciones climáticas duras y secas. Su cuerpo puede conservar el agua, ya que sus riñones extraen agua de diferentes órganos, por lo que pueden mantenerse hidratados durante largos periodos de tiempo.

Tienen el sueño ligero

La próxima vez que vea un burro durmiendo, póngase de puntillas a su alrededor o interrumpirá su sueño. Los burros tienen un sueño ligero y solo duermen la siesta un par de horas cada noche. Sin embargo, suelen ser cautelosos y estar alerta durante este tiempo, por lo que incluso mientras descansan permanecen vigilantes. Duermen de pie, pero se tumban de espaldas o de lado cuando necesitan descansar.

Los burros son animales de terapia

No solo los perros y los gatos pueden ser animales de terapia; los burros también pueden serlo gracias a su naturaleza intuitiva y amable. Ofrecen compañía y apoyo a pacientes de salud mental y personas con discapacidades. Pueden percibir cuándo se está pasando por momentos difíciles o se experimenta depresión o ansiedad.

Los burros aprenden rápido

Los burros son animales inteligentes, resistentes y pragmáticos con una gran memoria. Aprenden rápido y pueden comprender las instrucciones con rapidez.

Machos frente a hembras

Los burros machos y hembras tienen su propio estilo de lucha. Los machos patean a sus enemigos con las patas delanteras, mientras que las hembras utilizan las traseras.

Hormonas

Las burras hembras experimentan cambios hormonales cada mes, lo que puede dar lugar a problemas de comportamiento. Pueden ser muy enfadadas o super amistosas. Si planea criar a Jenny, debe ser comprensivo y paciente durante este tiempo. También debería anotar las fechas de su ciclo en su calendario para estar preparado cada mes. Sin embargo, algunas burras hembras no muestran ningún signo de cambios de comportamiento durante su ciclo y su temperamento sigue siendo el mismo.

Naturaleza protectora

La naturaleza del burro es proteger a otros animales, como cabras y ovejas, de los perros vagabundos, coyotes y otros depredadores. Son territoriales y atacarán a cualquier extraño que invada su espacio. Los burros también son muy fuertes y son capaces de enfrentarse a muchos animales fuertes. Sin embargo, son amistosos y afectuosos con los seres humanos.

Las burras hembras son más protectoras que sus compañeros machos, ya que su instinto maternal las impulsa a proteger a los animales más débiles y pequeños y mantenerlos a salvo.

Algunas personas creen que los burros no protegen deliberadamente a los animales de granja, sino que se protegen a sí mismos y a su territorio. Sean cuales sean sus intenciones, los burros protegerán a sus animales de cualquier daño.

Cómo protegen los burros a su rebaño

Los burros no siempre vienen a la mente cuando la gente piensa en animales guardianes. De hecho, probablemente se pregunte cómo puede un burro proteger al ganado. En primer lugar, los burros deben estar presentes con el rebaño en todo momento. No puede tenerlos con los animales solo unas horas al día porque nunca se sabe cuándo atacará un depredador. Los burros también necesitan pasar más tiempo con los animales de la granja para que puedan establecer lazos afectivos. Esto no será difícil para estas criaturas sociales que ansían relacionarse con otros animales.

Los burros confían en su capacidad auditiva única, que les permite detectar ruidos a distancia, y su potente vista les permite detectar a un depredador desde lejos y tomar las precauciones necesarias antes de que ataque. Las ovejas y otros animales de granja son muy inteligentes. Rápidamente se darán cuenta de que los burros son sus amigos y aliados y buscarán su protección cuando se vean amenazados.

Los burros asustan a sus depredadores lanzando rebuznos muy fuertes y persiguiéndolos para ahuyentarlos. Esta táctica también debería llamar su atención y alertarle de que algo no va bien para que pueda ir a ver cómo están sus animales. En la mayoría de los casos, no necesitará interferir, ya que los burros se enfrentarán solos al depredador.

Sin embargo, no todos los cánidos se retirarán de inmediato. En ese caso, el burro los atacará pateándolos con sus patas delanteras, hiriendo o matando al depredador. Los burros macho también pueden morder.

Los fuertes instintos de pastoreo del burro, su agresividad y su aversión natural a los depredadores los convierten en animales de guarda ideales.

Ventajas del uso de burros guardianes

Por desgracia, los burros no son tan populares como animales de guarda como lo son los perros. La gente piensa que no son lo bastante fuertes o inteligentes para proteger a su ganado. Sin embargo, hay muchas razones para considerar a los burros guardianes.

Los burros están siempre alerta

Gracias a sus grandes orejas y a su visión periférica, los burros son siempre conscientes de su entorno y están alerta ante cualquier peligro inminente. Incluso cuando duermen, siguen alerta y son capaces de captar cualquier ruido extraño cercano o lejano.

Comportamiento territorial

Los burros son muy territoriales y su instinto protector es el resultado de este comportamiento. En otras palabras, no protegen a la manada, sino su territorio. Si sienten que alguien invade su espacio, atacarán inmediatamente.

A diferencia de los perros, los burros no patrullan su zona. Ya están alerta y pueden sentir el peligro sin moverse.

Compatibilidad con el ganado

Los burros son compatibles con las ovejas y establecen fácilmente vínculos entre ellos. La mayoría de los burros protegen alegremente a las ovejas de los depredadores. Sin embargo, debe presentar a ambos animales desde el principio y criarlos juntos. Aunque no hayan crecido en el mismo lugar, puede enseñar a su burro a proteger al rebaño dejándoles vivir juntos durante dos semanas. Significativamente, el burro y la oveja son compatibles para evitar conflictos. No protegerán a un animal que no toleran. También son compatibles con caballos, alpacas, llamas, cabras, cerdos y otros burros.

Sin embargo, los burros no son compatibles con los perros de granja ni con ningún tipo de canino, por lo que debe tener mucho cuidado cuando los presente.

Los burros guardianes no son caros

Los burros guardianes inexpertos no son caros, pero debe adiestrarlos. Esto será fácil, ya que los burros son inteligentes y siguen órdenes. Algunos ni siquiera requerirán adiestramiento: solo tiene que dejar que socialicen con su rebaño y ellos seguirán su instinto protector. Puede comprar un burro bien adiestrado, pero son más caros.

Mejor que los perros

Adiestrar perros requiere más tiempo y esfuerzo que adiestrar burros. También pueden atacar a su ganado en lugar de protegerlo. Los perros guardianes tienden a ladrar mucho, a diferencia de los burros, que son bastante silenciosos a menos que se sientan amenazados. La mayoría de los propietarios de granjas prefieren vivir en un entorno tranquilo y los ladridos pueden resultar desagradables. Los perros también son considerados depredadores y no podrán relacionarse con los animales de granja. Los burros, por el contrario, pueden relacionarse con los animales de granja, ya que ambos son presas.

Los burros son independientes

Los burros de guarda son muy independientes; solo necesitan cobijo, comida y agua. No requieren cuidados ni atención constantes. Tampoco necesitarán costosos cuidados veterinarios, ya que no son propensos a las lesiones.

Protegen contra todos los animales

Los burros guardianes protegerán a casi todo el ganado, como cabras, ovejas e incluso gallinas. A diferencia de lo que ocurre con los perros guardianes, no tendrá que preocuparse de que sus burros ataquen o se coman a cualquiera de su ganado.

Tienen una larga vida

Su burro de guardia estará con usted durante treinta años o más. A diferencia de otros animales de guardia, los burros tienen una larga vida. También son rentables, ya que no necesitará comprar uno nuevo cada diez años.

Sin alojamientos separados

Al ser guardianes, los burros no atacarán a sus animales; puede mantenerlos en el mismo pasto con su ganado. Esta es otra ventaja que tienen sobre los perros, que requieren su propio alojamiento.

Son grandes

La mayoría de los burros son de gran tamaño (entre 300 y 500 libras), por lo que podrán hacer frente a diferentes depredadores como zorros y coyotes. Limítese a los burros grandes y evite los miniatura. Son agradables a la vista, pero no protegerán a su ganado de los depredadores.

Su rebuzno es útil

A diferencia de los perros, un burro no rebuznará toda la noche ni esperará que usted acuda en su ayuda. Sin embargo, su sonido "ji-ja" muy fuerte es una clara señal de que un depredador está cerca.

Poco amistosos con los caninos

Los burros no se llevan bien con los perros ni con ningún tipo de cánido, por lo que se pondrán en guardia si ven que se acerca alguno. Algunos burros no tienen problemas con los perros domésticos, pero muchos no aprecian su presencia.

Están preparados para una pelea

Los burros nunca huirán de una pelea: se mantendrán firmes. No se asustan fácilmente ni se ponen nerviosos en situaciones desconocidas. Son curiosos, confiados y valientes ante el peligro. De hecho, coyotes, zorros y otros pequeños depredadores evitan a toda costa los enfrentamientos con los burros porque saben que son duros luchadores.

Temperamento tranquilo

Los burros son animales muy tranquilos y no supondrán ninguna amenaza para usted, su familia, vecinos u otros animales.

Historia de la vida real

Amanda y su marido, Taylor, son aficionados a la ganadería. Adoran a sus animales y los consideran su familia. Entre sus vacas, paseando y rebuznando están sus queridos burros. Amanda dijo que su marido no quería perros ni caballos en su rancho. Decidió gastarle una broma y comprar burros en su lugar. Para su sorpresa, Taylor llegó a casa un día con tres burros. Se dio cuenta de que a su marido siempre le habían gustado los burros y que llevaba mucho tiempo planeando añadir unos cuantos a su rancho.

Amanda se enamoró inmediatamente de los burros porque eran muy cariñosos y amistosos. Sin embargo, no eran mascotas y debían mantenerse con el ganado para cuidarlo. Amanda dijo que criar a los burros fue fácil y que se llevaban muy bien con sus vacas. Seguían al rebaño a todas partes y comían y bebían con ellas. Los burros protegían a las vacas y a sus terneros de los perros vagabundos y los coyotes. Amanda y su marido están de acuerdo en que los burros son los animales guardianes perfectos. Llevan siete años con ellos y solo han perdido una vaca a manos de los coyotes.

Amanda y Taylor confían su ganado a los burros durante todo el día mientras están trabajando. Cada día aprecian más a sus pequeños ayudantes.

El cuidado de un burro guardián

Si quiere que sus burros se mantengan sanos y vivan con usted durante mucho tiempo, debe cuidarlos bien y prestar atención a su alimentación, cobijo y salud.

Alimentación y cuidados

Debe dejar agua fresca a sus burros durante todo el día. Revísela a lo largo del día y rellénela cuando sea necesario. Un burro necesita de 10 a

25 litros cada día. Debe añadir sal mineralizada a su dieta. Lea los ingredientes en el envase del pienso o consulte con el agrónomo del distrito para saber qué minerales faltan en su comida. Para proteger a sus animales de la carencia de minerales o vitaminas, busque formas de añadirlos a su dieta, como darles suplementos.

Durante el invierno, alimente a sus burros con heno de alta calidad. Evite el heno de leguminosas, ya que es rico en proteínas. El bromo y la hierba de los prados son sus mejores opciones. Alimente a las burras gestantes y lactantes con un 50 por ciento de alfalfa y un 50 por ciento de heno Timothy. Alimente a los burros guardianes machos con granos y deles suplementos para aumentar sus niveles de energía. Evite los suplementos hechos para aves de corral, cerdos o ganado vacuno, ya que pueden ser tóxicos para ellos.

Salud

Los burros requieren desparasitaciones y vacunaciones regulares. Desparasítelos de tres a seis veces al año. Puede hacerlo usted mismo utilizando un calentador de pasta o conseguir que un profesional lo haga por usted. Si sospecha que su burro tiene parásitos, llame inmediatamente a su veterinario para que le administre las vacunas adecuadas.

El cuidado adecuado de las pezuñas es necesario para los burros de guarda. Recórteles y límpieseles las patas todos los meses. Si descuida el cuidado de las pezuñas, estas crecerán hasta alcanzar un tamaño muy grande e incapacitarán a su animal.

Los burros también necesitan cuidados dentales, así que asegúrese de que les revisan los dientes dos veces al año.

Refugio

Los burros prefieren los climas cálidos, pero pueden adaptarse al frío si se les proporciona suficiente comida y un refugio cálido y seguro. Los burros no soportan la lluvia, ya que su pelaje no es impermeable, por lo que se quedan fríos y mojados, lo que puede provocarles diversas enfermedades como bronquitis y neumonía. Asegúrese de que su refugio les protege de la lluvia. También debería quitarles la nieve del pelaje durante el invierno. Mantenga a sus burros en el establo durante el invierno y sáquelos en los días cálidos. Cuando haga calor, solo necesitarán un cobertizo abierto con cama de paja seca.

Pastos

Deje que sus burros pasten en pastos más bastos, pero evite los exuberantes, ya que pueden aumentar su peso y causar otros problemas graves de salud. Asigne a sus burros un acre de pasto cada mes.

Los burros son animales inteligentes y fuertes que pueden proteger a su ganado de cualquier amenaza. Tienen habilidades únicas que pueden hacerles percibir a sus enemigos a distancia. Aunque existen diferentes animales de guarda, los burros tienen muchas ventajas que los convierten en una gran elección.

La humanidad ha dependido de los burros durante siglos. Los han utilizado para el transporte, para vigilar a sus animales e incluso para comer su carne y beber su leche. Estos fieles compañeros hacen la vida mucho más fácil, y nunca piden nada a cambio. Asegúrese de darles un hogar cariñoso y un refugio cálido durante el frío. Cuide de su salud y protéjalos igual que ellos le protegen a usted y a su ganado.

Aún hay más cosas que comentar sobre los burros, como por ejemplo cómo elegir el adecuado para usted y cómo adiestrarlos. Diríjase al siguiente capítulo para descubrir toda esta información y mucho más.

Capítulo 10: Elección y adiestramiento de su burro

Ahora que lo sabe todo sobre los burros de guarda, probablemente esté considerando traer uno a casa para proteger su ganado. Sin embargo, no puede elegir cualquier burro. Tiene que pasar por un proceso para encontrar el adecuado para usted. Después, tendrá que adiestrarlo para que se convierta en el mejor animal de guarda que exista. Comprensiblemente, esto es más fácil decirlo que hacerlo.

Este capítulo ofrece consejos de expertos y técnicas prácticas para el proceso de selección y adiestramiento del burro.

Adiestramiento del burro guardián[22]

Selección de burros guardianes

Hay algunas cosas a tener en cuenta antes de elegir un burro de guardia, como la edad, la raza, el temperamento y el sexo. No querrá traer un burro a casa solo para darse cuenta de que no es una buena opción. Siga estos consejos para seleccionar el burro de guarda ideal para usted.

Edad

Elija un burro que tenga -como máximo- tres años porque las ovejas y otro ganado se llevan mejor con animales más jóvenes. Recuerde que cuanto mayor sea el burro, más difícil será la introducción. También serán juguetones, corretearán con las ovejas y estrecharán lazos. Algunas personas prefieren burros de seis meses o menos para criarlos con el rebaño. Sin embargo, un animal de esa edad no será un buen guardián. El ganado mayor también puede intimidarlos o jugar bruscamente con ellos.

Género

Jenny y su potro (burro joven) son ideales para los burros guardianes. Las hembras tienen instintos maternales y son protectoras naturales. Sin embargo, la Jenny será suficiente si no quiere más de un burro. Los castrados también se han hecho muy populares en los últimos años por su temperamento tranquilo. Evite los machos intactos (machos sin castrar) por su naturaleza agresiva y su tendencia a ser violentos con las personas y el ganado. Las hembras preñadas no son una buena idea, ya que se centrarán más en sus recién nacidos e ignorarán al ganado. Si su rebaño es atacado, solo defenderán a sus recién nacidos sin preocuparse por la seguridad de los demás animales.

Tamaño

Opte por burros de tamaño grande o normal. Sin embargo, algunas personas no prefieren los burros muy grandes porque son difíciles de manejar. No se puede negar que ahuyentarán a los depredadores, pero debe considerar si merece la pena la molestia. Elija un tamaño de unas 44 pulgadas.

Evite los miniatura porque son demasiado pequeños y no tienen la fuerza física para vigilar un rebaño. Un burro pequeño no intimidará ni asustará a los depredadores. Su rebaño también puede ser atacado por una manada de animales, por lo que necesita un burro lo suficientemente grande como para luchar contra ellos y ahuyentarlos. Un burro miniatura seguirá luchando contra ellos porque es su naturaleza, pero resultará gravemente herido o incluso muerto.

Raza

Todas las razas de burros, como el Mamut, el Australiano y el Irlandés, pueden ser animales de guardia. Solo asegúrese de elegir uno sano y robusto.

Temperamento

Evite los burros de carácter agresivo, ya que no son fáciles de manejar. Recuerde: usted quiere un burro que proteja a sus animales, no uno que se agite fácilmente y pueda hacerles daño. Elija un burro de temperamento uniforme con el que se sienta seguro dejando a su rebaño todo el día.

Tamaño del rebaño

Los burros solo pueden vigilar un rebaño pequeño de unos 100 animales o menos si están dispersos por el terreno. Sin embargo, un burro puede cuidar unas 200 ovejas si su rebaño pasta en un solo pasto. Por lo tanto, debería plantearse adquirir más de un burro si tiene un rebaño grande.

Otras cosas en las que fijarse

- Buena actitud
- Patas rectas
- Buena conformación

Dónde encontrar un burro de guarda

- "Adopte, no compre" también se aplica a los animales de guardia. Encontrará muchos burros de rescate en organizaciones especializadas. Suelen ponerlos a prueba con cabras y ovejas para evaluar sus aptitudes como guardianes. Puede devolverles el burro si las cosas no funcionan. Sin embargo, si las cosas funcionan, estará dando a un burro digno un hogar cariñoso... ¡y un trabajo!

- También puede encontrar burros en subastas de ganado o en una asociación de cría de mulos y burros.

Adiestramiento de burros guardianes

Después de elegir a su burro y traerlo a casa, debería empezar a adiestrarlo. Puede conseguir un burro de guardia experimentado, pero suelen ser más caros. Si quiere ahorrar dinero, aprenda a adiestrar a su animal usted mismo. Por suerte, esto será fácil, ya que los burros son animales muy inteligentes.

Principios básicos del adiestramiento de burros de guardia

Los principios básicos del adiestramiento de animales son la corrección del comportamiento y el refuerzo positivo. El comportamiento negativo de su burro debe corregirse de inmediato para que entienda que sus acciones tienen consecuencias. El comportamiento positivo también debe ser recompensado.

El refuerzo positivo es una de las técnicas de adiestramiento más poderosas, ya que puede moldear o cambiar el comportamiento de su burro. Normalmente implica dar recompensas como elogios, golosinas o cualquier cosa que le guste a su burro. Lo más probable es que repita el comportamiento positivo para seguir recibiendo las recompensas.

Adiestrar a su burro o a cualquier animal requiere mucha paciencia. Usted está enseñando a su burro a adoptar nuevos comportamientos, pero seguramente cometerá errores y volverá a las andadas, por lo que debe ser paciente con él. Conseguir que su burro repita el mismo comportamiento no siempre es fácil, aunque sea inteligente. A veces puede sentirse aburrido o frustrado, pero debe ejercer autocontrol. Usted pierde el control cuando pierde los estribos, lo que confunde al burro. Manténgase siempre firme y tranquilo, y verá resultados reales en poco tiempo.

Técnicas de adiestramiento de obediencia

Instrucciones:

1. Si su burro es hiperactivo o se comporta mal, adiestrarlo será muy difícil. No serán capaces de concentrarse y aprender algo nuevo. Por lo tanto, antes de empezar, déjeles hacer un par de ejercicios para que entren en un estado mejor y más tranquilo.

2. Elimine todas las distracciones. Enseñar algo nuevo a un animal ya es complicado, así que intente eliminar cualquier cosa que pueda afectar a su concentración. Es mejor adiestrarlos en un entorno tranquilo.

3. Haga que la técnica sea divertida. Debe parecer un juego, no un trabajo. Disfrute del tiempo que pase con sus animales y aproveche la oportunidad para conocerlos mejor.

4. Decida un sistema de recompensa y asegúrese de que sea algo a lo que su burro responda bien, como golosinas o elogios.

5. Recompénselos con golosinas o elogios cuando sigan sus órdenes. Si no obedecen, tenga paciencia y siga intentándolo... al final lo conseguirán.

6. Tómese un descanso cada vez que empiece a sentirse cansado o frustrado. El descanso puede ser de un par de horas o de unos días. Tenga paciencia consigo mismo y con su burro.

Detener el mal comportamiento

- No castigue a su burro porque muchos animales no entienden el concepto de castigo. Puede hacer más daño que bien.

- Cuando su burro se porte mal, aléjese de él. Los burros que están unidos a sus dueños no querrán perder la atención que usted les presta. Intentarán rectificar su comportamiento para recuperar su vínculo y confianza.

- También puede negarles algo que les guste, igual que hace con un niño. Por ejemplo, si muerden o se pelean con el ganado a la hora de comer, reténgales la comida hasta que corrijan su comportamiento. Cuando lo hagan, recompénselos con un refuerzo positivo, como golosinas o comida.

Refuerzo positivo frente a golosinas

Las golosinas son eficaces, pero no puede recompensar a su burro por cada buen comportamiento. Esto les enseñará a actuar favorablemente solo para obtener algo a cambio. Llegarán a esperar golosinas cada vez y pueden portarse mal si no les da ninguna. Por lo tanto, utilice las golosinas solo en ocasiones y cuando quiera corregir un comportamiento muy malo, como morder. En su lugar, limítese al refuerzo positivo, como las caricias, los arañazos, los elogios o las charlas positivas.

Adiestre a su burro en un área pequeña

Adiestrar a su burro en un área pequeña le pondrá en control de la situación. Esto evitará que corra o se esconda. Hará las cosas más fáciles, ya que podrá limitar las distracciones, por lo que su burro solo se centrará en usted.

Más consejos de adiestramiento

- Su burro aprenderá algo nuevo cada vez que interactúe con él.
- Los burros no entienden la diferencia entre el buen y el mal comportamiento. Su comportamiento es eficaz o ineficaz para ellos.
- Los burros aprenden más rápido las actividades relacionadas con su comportamiento natural. Tardan más en aprender cosas que no son naturales para ellos y que están alejadas de su naturaleza, como viajar en un remolque, levantar las patas para limpiar las pezuñas, tirar de un carro y ser montados o conducidos.
- Empiece enseñando a su burro comportamientos con los que se pueda relacionar, como conseguir comida o caminar a su lado.
- Utilizar el refuerzo positivo cuando enseñe a su burro comportamientos naturales hará que sea más fácil enseñarle los no naturales.
- Nunca discipline a su burro ni lo castigue; se enfadará y dejará de cooperar.
- No utilice palos cuando interactúe con ellos; en su lugar, utilice zanahorias.
- Cuando no sigan las instrucciones, cambie a otra actividad que le resulte familiar.

Patrullando

Los burros no patrullan la zona, sino que suelen buscar cualquier amenaza dentro de su rebaño. Aunque este comportamiento no está en su naturaleza, puede adiestrarlos para que patrullen. Por ejemplo, puede llevarlos a pasear para que descubran la zona, de modo que se acostumbren a ella y sepan que es segura. También puede pedirle a alguien que haga un ruido en la distancia y llevar a su burro a investigar. Esto les enseñará a patrullar la zona cuando oigan un sonido extraño. Utilice refuerzos positivos o tetinas para recompensarles por patrullar.

Estar alerta y responder a las amenazas

Aunque los burros están alerta por naturaleza, puede adiestrarlos para potenciar este comportamiento. Recompense a su burro siempre que rebuzne o muestre cualquier comportamiento de guardia ante cualquier señal de peligro. Esto enseña a su burro a estar más alerta ante depredadores y amenazas.

Puede utilizar la misma técnica para entrenar a su burro a responder a las amenazas. Como los burros son territoriales, serán naturalmente protectores con el ganado. Utilice golosinas o refuerzos positivos siempre que su burro responda a las amenazas; esto fomenta más ese comportamiento.

Socialización de su burro con el ganado

Presente a su burro a su ganado enseguida para iniciar el proceso de vinculación. El burro solo mostrará un comportamiento protector cuando sienta que la oveja forma parte de su rebaño. Críe a Jenny y a su potro con el ganado. Los potros destetados pueden quedarse solos con el ganado.

Hay otros pasos que debe dar para ayudar a su burro a socializar con el ganado. Comprenda que no siempre será un proceso sencillo. Algunos burros son propensos al comportamiento territorial y puede llevarles un tiempo aceptar a otros animales. Dependiendo del burro, la introducción puede durar una hora o unos días. Sin embargo, el proceso de vinculación dura unas cinco semanas. Asegúrese de tener a alguien con usted mientras hace la introducción en caso de que el burro o la manada reaccionen desfavorablemente.

Instrucciones:

1. Deje que el burro permanezca en el mismo establo que su ganado durante dos semanas, pero sepárelos con una valla.
2. Después de las dos semanas, llévelos al mismo pasto y ponga una valla entre ellos. Deles tiempo y espacio para olfatearse mutuamente para que se familiaricen con el olor del otro, pero manténgalos vigilados.
3. Puede conducir al burro alrededor del rebaño con una cuerda para que puedan olerse el uno al otro. Repita esto hasta que se acepten y confíen el uno en el otro.
4. Alimente al burro con el ganado para que estrechen lazos. El burro también sentirá que es un miembro más del rebaño.

5. Una vez que se acepten mutuamente, deje que el burro corra por los pastos. Con el tiempo, el ganado buscará al burro siempre que se sienta amenazado.

Señales de que el burro no reacciona favorablemente

- Embestir
- Morder
- Orejas pegadas
- Cabeza gacha
- Perseguir
- Orejas echadas hacia atrás
- Fosas nasales abiertas
- Blancura alrededor de los ojos
- Dientes expuestos

Espere algunas peleas menores, pero esto no es motivo de alarma. Solo se están conociendo. Intervenga solo si empiezan a actuar con agresividad. Sin embargo, no se interponga entre ellos. Cree una distracción para que presten atención a otra cosa. No les presente el uno al otro justo después de la pelea. Deles más tiempo para que se acostumbren al olor del otro y vuelva a intentarlo. Recuerde: los burros son testarudos, así que puede que las cosas no salgan como usted había planeado. Sin embargo, no deje que esto le desanime. Puesto que los burros también son criaturas sociales y les encanta relacionarse con otros animales, acabarán llevándose bien. Solo hay que darles tiempo.

Consiga que su burro confíe en usted

No basta con que su burro confíe en el ganado - también debería confiar en usted. Crear un vínculo fuerte entre usted y su animal de guardia hará que el adiestramiento sea mucho más fácil.

Instrucciones:

1. Visite su zona varias veces al día.
2. Quédese allí y no se acerque a ellos.
3. Si se le acercan, acaríacielos o deles una golosina.

4. Intente situarse un poco cerca de ellos mientras vigila su lenguaje corporal.
5. Retírese si parecen incómodos.
6. Si vuelven a acercarse a usted, deles otra golosina.
7. Repita esto todos los días hasta que aprendan a confiar en usted.

Introducción de los burros a los depredadores

No puede traer un coyote a su granja y dejar que merodee alrededor de su ganado. Su opción más segura es un perro.

Instrucciones:
1. Ponga a su perro una correa y acérquelo al burro para hacer la introducción. El burro debe estar atado o sujeto.
2. Mantenga una distancia entre ellos, pero asegúrese de que aún pueden verse.
3. Acérquese al burro lentamente con el perro.
4. Utilice órdenes como quieto, espere, pare, siéntese, venga, etc., para controlar a su perro si el burro se porta mal.
5. Si el perro parece interesado o curioso por el burro, deje de acercarse y dele a su perro una golosina.
6. Dé otro paso mientras controla a su perro. Si permanece tranquilo, dele otra golosina. Si el perro o el burro parecen asustados, tranquilícelos.
7. Cuando ambos estén tranquilos, acérquese poco a poco sin dejar de vigilarlos.
8. Una vez que se acerque al burro, permita que se olisqueen. Haga esto durante un par de segundos, luego retírese y dé a cada animal una golosina.
9. Repita este proceso hasta que se familiaricen el uno con el otro. Asegúrese de llevar a ambos con correa para poder mantener el control y protegerlos de cualquier daño.
10. Una vez que parezcan sentirse cómodos, quíteles la correa y déjeles interactuar.

Consejos de seguridad
- Vigile sus interacciones en todo momento porque su perro puede morder al burro o acercarse demasiado a él, haciendo

que el burro se sienta incómodo.

- Si el burro se irrita o se agita, podría patear al perro y herirlo gravemente. Vigilar a ambos garantizará la seguridad de todos.

Medidas de seguridad

Debe mantenerse seguro cuando adiestre a su burro. Los burros pueden no reaccionar favorablemente al adiestramiento, por lo que debe estar preparado para cualquier cosa.

Manejo de un burro

- Cuando se acerque a un burro, hable con voz tranquila para llamar su atención.
- No se acerque a ellos de frente o por detrás, o podrían considerarle una amenaza. En su lugar, acérquese por su hombro.
- Tóqueles suavemente el cuello y siga tocándoles para que sean conscientes de su ubicación.
- Colóquese a su lado para protegerse de las patadas.
- Llévelo con correa si es propenso a dar patadas o a la agresividad.

Precauciones de seguridad

- Vigile el lenguaje corporal de su burro durante las sesiones de entrenamiento y retroceda unos pasos siempre que parezca incómodo. Recuerde que los burros son animales astutos que pueden patearle o morderle por detrás para cogerle por sorpresa.
- Las sesiones de adiestramiento deben realizarse en zonas espaciosas para que pueda alejarse fácilmente siempre que muestren algún signo de agresividad.
- Evite los movimientos bruscos o levantar la voz. Hable con calma y utilice un tacto suave para evitar agitarlos.
- La agresividad es un signo de miedo, así que intente ser comprensivo.

Desafíos comunes

Cargar

Cuando un burro está enfadado o amenazado, puede cargar contra usted o contra otro animal. Si su burro está a punto de atacar, aléjese de él. Póngase al otro lado de la valla hasta que se calme y se dé cuenta de que usted no es una amenaza. Por suerte, embestir no es un comportamiento común entre los burros.

Patadas

Los burros tienen patadas muy fuertes, que es una de las razones por las que son grandes animales de guardia. Si le patean a usted o a un animal de su rebaño, pueden causarle heridas graves. Las patadas son un signo de agresividad, así que trate la situación con precaución.

- Déjelos solos durante unas horas hasta que se calmen.
- Averigüe qué desencadenó su agresividad y soluciónelo. Por ejemplo, si tienen miedo de otro animal o persona, sepárelos unos de otros.

Morder:

Morder es otro signo de agresividad o de miedo. Le morderán a usted o al rebaño al que se supone que protegen. Por ejemplo, pueden morder y tirar a animales más pequeños o a pájaros como cerditos, gallinas o patos. También pueden morderle si les obliga a hacer algo en contra de su voluntad. Puede cambiar este comportamiento siguiendo los consejos de este capítulo.

Resoplar

Resoplar es una señal de que su burro no quiere ser molestado hoy. O bien están enfadados por algo o quieren que se les deje en paz. Deles algo de espacio y luego compruebe cómo están.

Aleteo de las fosas nasales, orejas caídas y zarpazos en el suelo

Todos estos son signos de agresividad. Su burro puede actuar así porque se siente amenazado. Antes de reaccionar, asegúrese de que no hay depredadores cerca. Intente averiguar qué desencadena este comportamiento. Si tiene miedo de otro animal, sepárelos, espere a que se calmen y vuelva a hacer introducciones graduales.

La mayoría de las veces, la agresividad de su burro es un signo de miedo. Debe eliminar lo que desencadene estas emociones y hacer que se sientan seguros. Cuando se familiarice con su comportamiento, sabrá si están actuando o están asustados. Utilice cualquiera de los consejos de este capítulo para rectificar su comportamiento. Recuerde mantener siempre la calma y la paciencia con ellos y tratarlos como niños.

Conclusión

Ahora que ha explorado los detalles de los guardianes del ganado a todos los niveles, está listo para comenzar su viaje con estas bestias protectoras. No se apresure a tomar ninguna decisión. Tómese su tiempo y considere todos los aspectos de su tierra y de los animales que cría. El guardián adecuado puede mantener a salvo su ganado, pero una elección equivocada puede aumentar su estrés. Contratar a un guardián del ganado como parte de la familia de su granja no es una decisión fácil de tomar. Piense largo y tendido si está preparado para la responsabilidad y cómo le ayudará la introducción de este animal en su ganado. No se ponga gafas de color de rosa cuando evalúe su granja y sea completamente sincero consigo mismo para poder tomar la decisión más beneficiosa para usted y su ganado.

Tome las medidas calculadas para comprobar primero qué depredadores asolan sus tierras y cómo se comportan. A continuación, considere qué especie o raza de guardianes se ajusta mejor a su contexto individualizado. Ya elija perros, burros o llamas, todo dependerá de su entorno contextual específico. Considere el tamaño de los depredadores a los que se enfrenta y cómo responde el guardián ante ellos. Cuando haya repetido en su mente varias veces todos los escenarios posibles y haya mirado su granja con microscopio, estará listo para dar el siguiente paso e identificar un animal guardián.

Está creando un ecosistema artificial con los animales que introduce en su granja. Los animales que reúna deben crear una danza de cooperación sin fisuras. Puede haber contratiempos y conflictos por el camino, pero como jefe del ecosistema que ha creado, puede intervenir cuando sea necesario. Usted es el director del coro que crea la melodía de su granja. Analice cuidadosamente los pequeños detalles de su enfoque biodiverso de la agricultura para poder responder fácilmente a cualquier desafío o cambio necesario.

Sea consciente de su impacto medioambiental. La tierra, que incluye su granja, le proporciona literalmente todo. Deje el planeta en mejores condiciones de las que lo encontró para que las generaciones futuras puedan prosperar. Utilizar guardianes del ganado ya es un paso en la dirección correcta porque es superior a métodos más perjudiciales de control de depredadores, como el envenenamiento. No se trata de que el hombre conquiste la naturaleza, sino de construir un entorno en el que ambos puedan coexistir simbióticamente.

Criar un animal guardián es una gran responsabilidad. Debe tener en cuenta innumerables cuidados, como la nutrición, los parásitos y los problemas médicos. Su guardián está haciendo un trabajo importante, así que lo menos que puede hacer es asegurarse de que su bienestar es óptimo. Debe cuidar de sus guardianes para que puedan ayudarle a cuidar de sus otros animales en un bello acto de equilibrio de la naturaleza. Los depredadores pueden ser la perdición de una granja, por lo que un buen guardián está intrínsecamente ligado a su éxito como granjero. Por lo tanto, debe hacer todo lo posible para asegurarse de que estén emocional, física y mentalmente a gusto.

Vea más libros escritos por Dion Rosser

Referencias

(2021). Unfccc.int. https://unfccc.int/sites/default/files/resource/SB2021_01.pdf

(N.d.). Homesteadingtoday.com. https://www.homesteadingtoday.com/threads/lgd-behavior-problems-how-to-resolve.386665/

(N.d.). Tamu.Edu. https://sanangelo.tamu.edu/files/2020/06/LGD-Puppy-2020-Final.pdf

(N.d.). Wur.Nl. https://edepot.wur.nl/283765

(N.d.-a). A-z-animals.com. https://a-z-animals.com/blog/10-incredible-donkey-facts/

(N.d.-b). Pethelpful.com. https://pethelpful.com/farm-pets/Twelve-Fascinating-Things-You-Never-Knew-about-Donkeys

Ali, Y. (2021, September 16). Livestock Guardian Breeds: Get to Know These Working Group Members. American Kennel Club. https://www.akc.org/expert-advice/dog-breeds/get-to-know-the-livestock-guardian-dog-breeds/

Animal predatory behavior. (n.d.). Psychology Wiki; Fandom, Inc. https://psychology.fandom.com/wiki/Animal_predatory_behavior

Barnes, A. (2021, March 23). Creating an enriching life for llamas. The Open Sanctuary Project; The Open Sanctuary Project, Inc. https://opensanctuary.org/creating-an-enriching-life-for-llamas/

Barnes, A., & Hess, T. (2018, April 12). Hello camelid companion! The new llama arrival guide. The Open Sanctuary Project; The Open Sanctuary Project, Inc. https://opensanctuary.org/the-new-llama-arrival-guide/

Barth, B. (2017, September 14). How to Choose a Livestock Guard Dog. Modern Farmer.

https://modernfarmer.com/2017/09/choose-livestock-guard-dog/

Bennett, S. (2022, July 12). How to train A donkey: A simple guide. Farm & Animals. https://farmandanimals.com/how-to-train-a-donkey/

Boi, L. (n.d.). Three lessons from training llamas. Utah.edu. from https://accelerate.uofuhealth.utah.edu/improvement/three-lessons-from-training-llamas

Bryan, M. (2021, September 21). Donkey facts. Facts.net. https://facts.net/donkey-facts/

Bukowski, J. A., & Aiello, S. (2023, November 14). Routine Health Care of Dogs. Merck Veterinary Manual. https://www.merckvetmanual.com/dog-owners/routine-care-and-breeding-of-dogs/routine-health-care-of-dogs

Caring for Guardian Donkeys Farmers are increasingly turning to non-lethal techniques for predation management. Donkeys have become a popular protector of sheep that can perform very well under certain conditions. Following are some guidelines on management and caring for guardian donkeys to maximize the animal's capacity in regards to flock protection. (n.d.). Ontariosheep.org. https://www.ontariosheep.org/uploads/userfiles/files/-%20Caring%20for%20Guard%20Donkeys-.pdf

Department of Jobs, Precincts and Regions. (2023, November 3). Guard dogs. Agriculture Victoria. https://agriculture.vic.gov.au/livestock-and-animals/animal-welfare-victoria/dogs/guard-dogs

Differences between llamas & alpacas. (2022, March 23). Animal safari. https://animalsafari.com/whats-the-difference-between-a-llama-and-an-alpaca/

DipCbst, A. F. C. (2023, May 17). 11 Tips for Training Livestock Guardian Dogs. PetHelpful. https://pethelpful.com/dogs/Tips-for-Training-Livestock-Guardian-Dogs

Dohner, J. (2014, April 24). Selecting a guard llama. Mother Earth News – The Original Guide To Living Wisely; Mother Earth News. https://www.motherearthnews.com/homesteading-and-livestock/selecting-a-guard-llama-zbcz1404/

Dohner, J. (2014, February 25). More questions to ask yourself before selecting a livestock guard dog. Mother Earth News – The Original Guide To Living Wisely; Mother Earth News. https://www.motherearthnews.com/homesteading-and-livestock/selecting-a-livestock-guard-dog-zbcz1402/

Dohner, J. (2023, March 29). Should you get A guard donkey? Mother Earth News – The Original Guide To Living Wisely; Mother Earth News. https://www.motherearthnews.com/homesteading-and-livestock/guard-donkey-zbcz1310/

Dohner, J. (2023, March 30). Guardian llamas: Pros and cons. Mother Earth News – The Original Guide To Living Wisely; Mother Earth News.

https://www.motherearthnews.com/homesteading-and-livestock/guardian-llamas-zbcz1309/

Dohner, J., & Giraud, C. (2018, December 2). Preserving the essential traits and behaviors of livestock guardians do. Jan-Dohner. https://www.jandohner.com/single-post/2018/12/02/preserving-the-essential-traits-and-behaviors-of-livestock-guardian-dogs

Donkey Listener. (2019, July 15). Training donkeys using gentle methods from the whole donkey approach. The Donkey Listener. https://donkeylistener.com/training-donkeys/

Donkey Listener. (2022, May 23). Training a rescue donkey {case study: Gucci}. The Donkey Listener. https://donkeylistener.com/training-a-rescue-donkey/

Exotic Animal Laws by State. (2023). Findlaw.com. https://www.findlaw.com/injury/torts-and-personal-injuries/exotic-animal-laws-by-state.html

Farm safety - handling animals. (n.d.). Gov.au. https://www.betterhealth.vic.gov.au/health/healthyliving/farm-safety-handling-animals

Farmbrite. (2023, January 10). How to Choose the Best Livestock Guardian Dog. Farmbrite. https://www.farmbrite.com/post/how-to-choose-the-best-livestock-guardian-dog

Flint, N. (2022, August 12). The 10 Best Livestock Guardian Dog Breeds, Large and Small. Pet Control HQ. https://petcontrolhq.com/blogs/news/best-livestock-guardian-dog-breeds

Franklin, W.L., N.K. Drufke, and K. J. Powell. 2012. Guard llamas: their use and effectiveness in North America for protecting sheep, goats, cattle, and poultry against canid predators. Pp. 21-36 in: Raggi S., L.A., Rojas S., I., Parraguez G., V.H. and Sepúlveda H., N. (eds.). Resúmenes VI Congreso Mundial Camélidos. Arica, Chile.

Griffler, M. (2019, July 4). How to be safely around A donkey. The Open Sanctuary Project; The Open Sanctuary Project, Inc. https://opensanctuary.org/how-to-be-safely-around-a-donkey/

Griffler, M. (2019, June 14). How donkeys get along with other species. The Open Sanctuary Project; The Open Sanctuary Project, Inc. https://opensanctuary.org/how-donkeys-get-along-with-other-species/

Guard donkey. (2013, May 14). Jacobs Heritage Farm. https://jacobsheritagefarm.com/heritage-livestock/minature-guard-donkey/

Guardian animals for livestock protection and wild dog exclusion. (n.d.). https://pestsmart.org.au/toolkit-resource/guardian-animals-for-livestock-protection-and-wild-dog-exclusion/

Guidelines for using donkeys as guard animals with sheep. (n.d.). Ontario.Ca. https://www.ontario.ca/page/guidelines-using-donkeys-guard-animals-sheep

Guidelines for using donkeys as guard animals with sheep. (n.d.-a). Ontario.Ca. https://www.ontario.ca/page/guidelines-using-donkeys-guard-animals-sheep

Guidelines for using donkeys as guard animals with sheep. (n.d.-b). Ontario.Ca. https://www.ontario.ca/page/guidelines-using-donkeys-guard-animals-sheep

Health and care. (n.d.). Psu.edu. https://extension.psu.edu/animals-and-livestock/llamas-and-alpacas/health-and-care

Heimbuch, J. (2016, June 14). 10 surprising facts about donkeys. Treehugger. https://www.treehugger.com/facts-will-change-way-you-think-about-donkeys-4869321

Introducing predator to prey. (2012, June 28). Horse Canada. https://horse-canada.com/magazine/behaviour/introducing-predator-to-prey/

Kansas Living Magazine. (2016, February 22). Guard donkeys. Kansaslivingmagazine.com. https://kansaslivingmagazine.com/articles/2016/02/22/guard-donkeys

Layers, A. (2013, June 20). Will donkeys keep predators away like foxes and dogs? BackYard Chickens - Learn How to Raise Chickens. https://www.backyardchickens.com/threads/will-donkeys-keep-predators-away-like-foxes-and-dogs.795604/page-2

LeBlanc, T. (2014, June 3). Modern farmer's guide to guard donkeys. Modern Farmer. https://modernfarmer.com/2014/06/modern-farmers-guide-guard-donkeys/

Lee, A. (2020, November 3). 13 reasons why your ranch needs a guard donkey. Helpful Horse Hints. https://www.helpfulhorsehints.com/reasons-to-get-a-guard-donkey/

Lee, A. (2020, October 29). Guard llama or guard donkey: Making the right decision for your farm. Farmhouse Guide; April Lee. https://farmhouseguide.com/guard-llama-vs-guard-donkey/

Lee, A. (2021, December 27). 9 ways donkeys show aggression (and how to stay safe around them). Helpful Horse Hints. https://www.helpfulhorsehints.com/ways-donkeys-show-aggression-and-how-to-stay-safe-around-them/

Liebenberg, L. (n.d.). Self-Rewarding Behaviours in LGD. Blogspot.com. https://predator-friendly-ranching.blogspot.com/2021/05/self-rewarding-behaviours-in-lgd.html

Livestock Guardian Animals. (2023, July 10). Landholders for Dingoes. https://landholdersfordingoes.org/livestock-guardian-animals/

Livestock guardian animals. (n.d.). Wild dog facts. Gov.au. https://www.daf.qld.gov.au/__data/assets/pdf_file/0005/76982/IPA-Wild-Dog-Fact-Sheet-Livestock-Guardian-Dogs.pdf

Livestock guardians. (n.d.). Alpaca Magic. https://www.alpacamagic.com.au/livestock-guardians/

Livestock ownership requirements for small landholders. (n.d.). Gov.au. https://www.agric.wa.gov.au/livestock-biosecurity/livestock-ownership-requirements-small-landholders

Llama. (n.d.). Cosley Zoo. https://cosleyzoo.org/llama/

Llamas and Alpacas. (2018). Govt.Nz. https://www.mpi.govt.nz/dmsdocument/46039-Code-of-Welfare-Layer-llamas-and-alpacas

Mies, C. (2018, April 20). Can dogs live with donkeys? Wagwalking.com; Wag! https://wagwalking.com/sense/can-dogs-live-with-donkey

Multispecies grazing. Country Folks; Lee Newspapers. https://countryfolks.com/multispecies-grazing/

Newspapers, L. (2018, December 11). Animals guarding animals: donkeys and dogs. Country Folks; Lee Newspapers. https://countryfolks.com/animals-guarding-animals-donkeys-and-dogs/

Newspapers, L. (2018, December 11). Animals guarding animals: donkeys and dogs. Country Folks; Lee Newspapers. https://countryfolks.com/animals-guarding-animals-donkeys-and-dogs/

Olson, E. (n.d.). Dogs in Ancient Egypt. DigitalCommons@USU. https://digitalcommons.usu.edu/fsrs2020/66/

Peterson, A. N., Soto, A. P., & McHenry, M. J. (2021). Pursuit and evasion strategies in the predator-prey interactions of fishes. Integrative and Comparative Biology, 61(2), 668–680. https://doi.org/10.1093/icb/icab116

Predation control of livestock. (2014, October 27). Center for Agriculture, Food, and the Environment. https://ag.umass.edu/crops-dairy-livestock-equine/fact-sheets/predation-control-of-livestock

Protection Dogs Worldwide. (2022, September 14). History of Guard Dogs | Protection Dogs Worldwide. https://www.protectiondogs.co.uk/history-of-guard-dogs/

Pugh, B. (n.d.). Chapter 13 Predator Control. Okstate.edu. https://extension.okstate.edu/programs/meat-goat-production/site-files/docs/chapter-13-predator-control.pdf

Purpose, benefits and considerations. (n.d.). Ontario.Ca https://www.ontario.ca/document/livestock-guardian-dogs/purpose-benefits-and-considerations

Quigg, M. (2022, April 5). Llama training tips. Franklinveterinaryclinic.net; Franklin Veterinary Clinic. https://franklinveterinaryclinic.net/llama-training-tips/

Raising llamas & kids. (n.d.). James Skeen. https://www.jamesskeen.com/raising-llamas-and-kids

Shena, T. (2022, January 24). Don't miss the cues with livestock guardian dog behavior. Farm and Dairy. https://www.farmanddairy.com/top-stories/how-to-troubleshoot-livestock-guardian-dog-behavior/700067.html

Sipes, R. (2022a, February 25). Introducing a new donkey to the herd! The Sassy Ass. https://thesassyass.com/blogs/news/introducing-a-new-donkey-to-the-herd

Sipes, R. (2022b, June 27). The basics of donkey training. The Sassy Ass. https://thesassyass.com/blogs/news/the-basics-of-donkey-training

subjecttopressure. (2018, January 27). Correction. Guard Dog Blog. https://guarddogblog.wordpress.com/2018/01/26/correction/

Trollinger, B. (2022, December 12). Beginner's Guide to Livestock Guardian Animals. EcoFarming Daily. https://www.ecofarmingdaily.com/raise-healthy-livestock/beginners-guide-to-livestock-guardian-animals/

Understanding donkey behaviour. (n.d.-a). The Donkey Sanctuary. https://www.thedonkeysanctuary.org.uk/all-about-donkeys/behaviour/understanding-donkey-behaviour

Understanding donkey behaviour. (n.d.-b). The Donkey Sanctuary. https://www.thedonkeysanctuary.org.uk/all-about-donkeys/behaviour/understanding-donkey-behaviour

Understanding the instincts of livestock guardian dogs. (2023, August 12). Off Leash Blog. https://blog.tryfi.com/livestock-guardian-dogs/

Usda Aphis. (n.d.). Usda.gov. https://www.aphis.usda.gov/aphis/ourfocus/wildlifedamage/operational-activities/sa_livestock/ct_protecting_livestock_predators

User, S. (2020, December 21). The livestock guardian dog: The best friend of livestock in extensive systems. Fawec.Org. https://www.fawec.org/en/what-do-we-do/inspiring-pilot-farms/363-le-chien-de-protection-de-troupeaux-le-meilleur-ami-de-l-elevage-pastoral

Using llamas as guardians: Benefits and considerations. (2023, May 15). The Thrifty Homesteader. https://thriftyhomesteader.com/llamas-as-guardians/

Verana, C. (2023, April 4). 15 donkey facts about the misunderstood equines. TRVST. https://www.trvst.world/biodiversity/donkey-facts/

Vistein, G. (2016, July 9). Donkeys as Guardians of your livestock. Farming with Carnivores Network. https://farmingwithcarnivoresnetwork.com/donkeys-guardians-livestock/

Weaver, S. (2016, March 31). Choosing a livestock guardian. Grit - Rural American Know-How. https://www.grit.com/animals/livestock/livestock-guardians-ze0z1603zcbru/

Weaver, S. (2019, April 26). Livestock guardian Donkeys. Grit - Rural American Know-How. https://www.grit.com/animals/livestock-guardian-donkeys-ze0z1904znad/

Wildlife Specialist. (n.d.). How LGD reduces predation. Tamu.edu. https://sanangelo.tamu.edu/files/2013/08/Livestock-Guardian-Dogs1.pdf

Wyzard, B. (2020a, September 9). Livestock Guardian Dogs and Food: What to Feed, When, and Problems to Avoid - For Love of Livestock. For Love of Livestock. https://www.forloveoflivestock.com/blog/livestock-guardian-dogs-and-food

Wyzard, B. (2020b, September 10). Training Livestock Guardian Dogs: The Ultimate Guide - For Love of Livestock. For Love of Livestock. https://www.forloveoflivestock.com/blog/training-livestock-guardian-dogs-the-ultimate-guide

Yokhna, D. (2009, February 18). Protect your flock with guard donkeys. Hobby Farms. https://www.hobbyfarms.com/protect-your-flock-with-guard-donkeys-2/

Fuentes de imágenes

[1] *Internet Archive Book Images, CC0, vía Wikimedia Commons.* https://commons.wikimedia.org/wiki/File:Image_from_page_82_of_%22Natural_history%22_(1897)_(20734677882).jpg

[2] *mar_qs, CC0, vía Wikimedia Commons:* https://commons.wikimedia.org/wiki/File:Rottweiler_-_52773841920.jpg

[3] *Lauris Rubenis, CC BY 2.0<https://creativecommons.org/licenses/by/2.0>, vía Wikimedia Commons.* https://commons.wikimedia.org/wiki/File:Fox_eating_mole.jpg

[4] *Bernard Landgraf, CC BY-SA 3.0<http://creativecommons.org/licenses/by-sa/3.0/>, vía Wikimedia Commons:* https://commons.wikimedia.org/wiki/File:Uncia_uncia.jpg

[5] https://unsplash.com/photos/herd-of-cattle-on-grass-field-during-daytime-0vVQWN_D26c

[6] https://unsplash.com/photos/black-and-white-car-dashboard-p79nyt2CUj4?utm_content=creditShareLink&utm_medium=referral&utm_source=unsplash

[7] https://unsplash.com/photos/adult-white-dog-sitting-beside-sheep-during-winter-XTNyfggdKTo

[8] *HeartSpoon, CC BY-SA 4.0<https://creativecommons.org/licenses/by-sa/4.0>, vía Wikimedia Commons:* https://commons.wikimedia.org/wiki/File:Great_Pyrenees_Mountain_Dog_2.png

[9] *Zeynel Cebeci, CC BY-SA 4.0<https://creativecommons.org/licenses/by-sa/4.0>, vía Wikimedia Commons:* https://commons.wikimedia.org/wiki/File:Anatolian_Shepherd_Dog_01.jpg

[10] *Nikki68, CC BY 2.5<https://creativecommons.org/licenses/by/2.5>, vía Wikimedia Commons:* https://commons.wikimedia.org/wiki/File:Komondor_delvin.jpg

[11] *Canario, CC BY-SA 4.0<https://creativecommons.org/licenses/by-sa/4.0>, vía Wikimedia Commons:* https://commons.wikimedia.org/wiki/File:CaucasianOwcha1.jpg

[12] *Canario, CC BY-SA 4.0<https://creativecommons.org/licenses/by-sa/4.0>, vía Wikimedia Commons:* https://commons.wikimedia.org/wiki/File:Maremma_Sheepdog_male.jpg

[13] https://commons.wikimedia.org/wiki/File:Kuvasz_named_Kan.jpg

[14] Jerry Kirkhart de Los Osos, California, CC BY 2.0<https://creativecommons.org/licenses/by/2.0>, vía Wikimedia Commons: https://commons.wikimedia.org/wiki/File:Akbash_Dog_in_CA.jpg

[15] Pleple2000, CC BY-SA 3.0<http://creativecommons.org/licenses/by-sa/3.0/>, vía Wikimedia Commons: https://commons.wikimedia.org/wiki/File:Tosa_inu_786.jpg

[16] Alexandr Frolov, CC BY-SA 4.0<https://creativecommons.org/licenses/by-sa/4.0>, vía Wikimedia Commons: https://commons.wikimedia.org/wiki/File:Tibetan_Mastiff_%D0%A2%D0%B8%D0%B1%D0%B5%D1%82%D1%81%D0%BA%D0%B8%D0%B9_%D0%9C%D0%B0%D1%81%D1%82%D0%B8%D1%84_02.jpg

[17] https://commons.wikimedia.org/wiki/File:German_Shepherd_puppy_eating_out_of_a_human_hand.jpg

[18] https://unsplash.com/photos/woman-hugging-a-dog-FtuJIuBbUhI

[19] Ralf Roletschek, GFDL 1.2<http://www.gnu.org/licenses/old-licenses/fdl-1.2.html>, vía Wikimedia Commons. https://commons.wikimedia.org/wiki/File:18-08-25-%C3%85land_RRK6596a.jpg

[20] https://unsplash.com/photos/brown-and-white-llama-on-green-grass-field-during-daytime-sXDVbYSjcaY

[21] NasserHalaweh, CC BY-SA 4.0<https://creativecommons.org/licenses/by-sa/4.0>, vía Wikimedia Commons. https://commons.wikimedia.org/wiki/File:Equidae_Equus_africanus_asinus.jpg

[22] https://unsplash.com/photos/woman-in-black-and-white-striped-long-sleeve-shirt-kissing-brown-horse-during-daytime-wg8hYS_1alw

www.ingramcontent.com/pod-product-compliance
Lightning Source LLC
Chambersburg PA
CBHW051850160426
43209CB00006B/1238